Dix portraits pour la liberté de la presse

Reporters sans frontières

Dix portraits pour la liberté de la presse

Introduction de Noël Copin

Préface de Robert Badinter

Le Monde
EDITIONS

ISBN 2-87899-108-7

« Porter le fer dans la plaie et juger la chose jugée. »

Albert LONDRES

Préface
Hommage

Voici un autre visage de la liberté de la presse, celui du journaliste arrêté, torturé, abattu. Visage défait, souillé, sanglant. Visage dont le regard s'est éteint parce que le journaliste mort ne peut plus, pensent le dictateur et ses valets, rechercher la vérité et la dire. C'est-à-dire, selon Jaurès, la définition même du courage. Ainsi, tout comme le besoin et l'exigence de justice s'inscrivent dans la révélation et le refus des injustices, la liberté de la presse et la nécessité de la liberté de la presse s'appréhendent dans les interdictions, les persécutions, les exécutions sommaires de journalistes.

Chaque année, la presse du monde entier honore les journalistes tombés dans l'exercice de leur mission. Il est bien que l'on rappelle et salue le courage et la mémoire de celles et ceux qui, pour nous informer, sont morts en Bosnie, en Tchetchénie, au Rwanda, partout en ce monde où règne la violence. Les journalistes morts, blessés ou invalides à vie témoignent de ce que l'information a un coût qui n'est pas seulement marchand, mais aussi humain, et qui se mesure en souffrances parfois mortelles. Ce prix-là, ce sont les journalistes qui l'acquittent pour notre profit à tous, pour que nous puissions être, si nous le voulons bien, citoyens de ce monde.

D'une portée morale plus grande encore est l'exemple de ces journalistes qui, dans leur pays, face à la dictature, refusent de se soumettre à la première de ses lois, celle du silence imposé ou, pis encore, de la complicité intéressée. Sans doute compte-t-on parmi les journalistes, comme dans toute profession, des caractères serviles et des âmes basses, toujours prêts à servir le pouvoir quel qu'il soit, par lâcheté ou intérêt. Mais, partout où règne l'arbitraire ou la violence de l'État, se dressent des journalistes qui, au nom de la liberté, refusent la nuit totalitaire. Ils savent mieux que quiconque que le témoignage ne prend toute sa force que s'il est public. Et que la vérité n'est irrésistible, face à l'injustice et à l'oppression, que si elle est connue. Le goulag n'a détruit le stalinisme dans la conscience des peuples et ruiné le régime soviétique que du jour où la parole des survivants a été rendue publique et est devenue une vérité commune. Certes, tout déporté n'est pas Soljenitsyne. Mais le récit de tout interné, lorsque le journaliste le publie, a la même force politique que l'œuvre de l'écrivain. D'où la nécessité absolue pour la dictature de faire taire, par tous les moyens, non seulement la victime, mais le témoin, et donc le journaliste.

Les fanatiques de tous bords ne s'y trompent pas. Même s'ils n'exercent pas encore le pouvoir, mais veulent le conquérir par la force, ils en useront contre les journalistes pour les réduire, par la peur ou la mort, au silence. Rien n'est plus significatif à cet égard que l'exécution des journalistes algériens ou étrangers par les groupes islamiques armés du FIS. Pour gagner le pouvoir, ils exercent la terreur. Cette expression paroxystique de la violence politique ne supporte pas d'être exposée à la lumière, car elle finit inévitablement par susciter la haine et la révolte contre ses auteurs. Ce qu'il y a d'admirable et que nous devons honorer, c'est précisément qu'il se trouve des journalistes, hommes ou femmes, qui, en Algérie ou ailleurs, refusent de se taire et continuent à exercer leur mission au risque de leur liberté et de leur vie. Car ils savent mieux que quiconque, par les exemples ou les témoignages recueillis, ce qui les attend. Leur combat se mène nécessairement en pleine lumière. Et cette lumière-là expose, aux brutes et aux bour-

reaux, le journaliste comme cible privilégiée. Ainsi, parce qu'il est conscient du péril et en assume bravement le risque, le journaliste algérien qui refuse le silence totalitaire et poursuit son œuvre de vérité devient un héros de notre temps.

Il est donc bien et juste que Reporters sans frontières rappelle la lutte et les souffrances de dix journalistes, de nationalités différentes et de médias divers, qui ont en commun d'avoir soutenu la cause de la liberté de la presse, qui est celle de notre commune liberté.

Robert BADINTER

Introduction

Dix journalistes, dix combats pour la vérité et pour la liberté. Beaucoup d'Omar, de Zlatko, d'André, de Günay... mènent cette lutte quotidienne au péril de leur propre vie.

Quand le mur de Berlin s'est écroulé, la formule séduisante, la « fin de l'histoire », a été lancée trop vite. La démocratie a sans doute progressé à travers le monde, dans les esprits et dans les faits, mais l'histoire des hommes continue avec ses avancées, avec ses difficultés, avec ses drames. L'histoire des médias aussi.

Pour notre profession, l'année 1994 a été la plus tragique depuis que Reporters sans frontières s'efforce d'établir régulièrement des bilans : 103 journalistes tués (48 Rwandais massacrés lors du génocide, 38 Algériens assassinés un par un en deux ans, à la sortie de leur domicile ou de leur bureau). Une centaine de nos confrères sont encore en prison. Nous n'avons donc pas seulement à poursuivre et à intensifier la lutte pour la liberté d'informer et la liberté d'être informé, nous avons à faire face à de nouvelles atteintes et à de nouvelles menaces. Nous avons vu, au cours de ces dernières années, apparaître ou s'amplifier des phénomènes de plus en plus graves qui nécessitent le recours à d'autres types d'intervention, l'ouverture d'autres champs d'action.

Ainsi en est-il de ces assassinats systématiques : les journalistes qui meurent dans l'exercice de leur métier ne sont pas seulement des victimes d'accidents sur des théâtres d'opération, dans des pays en guerre ou en révolution. De plus en plus nombreux, ils sont tués parce qu'ils sont journalistes. Ils sont exécutés parce que l'on veut les faire taire et parce que l'on veut, par la peur, contraindre aussi les autres au silence.

Nous avions déjà vu le mal que pouvait faire dans les pays de l'ex-Yougoslavie ce que l'on appelle désormais les « médias de la haine ». Nous avons constaté la part terrible qu'ils ont prise dans les massacres du Rwanda et le rôle néfaste qu'ils jouent au Burundi et dans bien d'autres pays. Ces journaux et ces radios qui incitent au meurtre ne sont pas brusquement tombés entre les mains de criminels. Ce sont des journalistes reconnus pour leurs compétences ou pour leur talent qui, par passion ou par intérêt, mettent leur compétence et leur talent au service d'une œuvre de mort. De tels comportements posent un redoutable problème à notre profession et à une association qui a pour but de défendre la liberté de la presse. Il nous est apparu nécessaire de dénoncer ceux qui détournent cette liberté et l'utilisent pour pousser au meurtre.

Les États totalitaires ne sont pas les seuls à s'attaquer à la presse, à emprisonner et à tuer. Il y a aussi les extrémistes de toute nature, les pouvoirs mafieux, les narco-trafiquants. Nos confrères colombiens savent ce qu'il en coûte de s'acharner à faire la lumière.

Il existe dans le monde des « zones d'ombre », des régions qui sont totalement interdites à la recherche et à l'expression de la vérité. Nous ne pouvons pas savoir ce qui s'y passe. Aucun journaliste ne peut entrer, aucune information ne peut sortir.

On a dit que les médias étaient un pouvoir. On a dit qu'ils étaient un contre-pouvoir. Les médias ne se définissent pas par rapport au pouvoir. Leur raison d'être est de dire la vérité dont ils sont les témoins. C'est en cela qu'ils gênent tous les pouvoirs qui ne veulent pas de cette vérité : les pouvoirs politiques qui disposent de l'appareil d'État, les pouvoirs extrémistes ou mafieux qui disposent des armes de la violence, les pouvoirs économiques qui disposent de l'argent.

Défendre les journalistes, ce n'est pas seulement défendre des personnes, ce n'est pas seulement défendre une profession, ce qui serait déjà en soit légitime et nécessaire. Ce que Reporters sans frontières, né il y a dix ans, entend continuer à défendre, c'est la liberté de la presse qui est la liberté de tout homme de s'informer, c'est la liberté de la presse inséparable de toutes les autres libertés. Cette exigence de liberté est au service de l'exigence de vérité.

Noël COPIN,
président de Reporters sans frontières.

ALGÉRIE

Omar Belhouchet

La presse en otage

Vous voulez rester insouciant ? Évitez Omar Belhouchet. N'engagez surtout pas la conversation. Félicitez-le, admirez son combat et passez votre chemin. Il ne vous en voudra pas. Promis à la mort depuis quatre ans, il a appris à connaître la nature humaine.

Des amis, il en a perdu des dizaines. Fauchés par des balles anonymes ou égorgés. A chaque fois, leur mort l'a encombré. Aujourd'hui encore, ils reviennent le hanter. Il est leur dépositaire, leur mémoire, leur espoir. Pour eux, il doit continuer. Il n'a « pas le droit de décevoir ».

Parce qu'il ne veut imposer à personne pareille charge, Omar Belhouchet a appris à rester discret. Jamais il ne cherche à se raconter. Au contraire, il s'efface. Comme à la recherche d'un secret qui ne cesse de lui filer entre les mains, il épie les conversations et les silences. Et s'il ose se glisser entre deux phrases, c'est toujours sur la pointe des pieds. Le temps d'une remarque, d'une question. Pas plus.

Le problème, ce ne sont pas les mots, c'est la responsabilité qu'ils induisent. Se confier à quelqu'un, c'est parfois lui transmettre une charge. Omar Belhouchet le sait bien qui a recueilli des milliers de confidences et qui, aujourd'hui, porte des dizaines de destins brisés.

Les mots, eux, ne lui font pas peur. Depuis bien longtemps, il s'amuse à les apprivoiser. Grâce à eux — ou pour eux ? —, il a traversé les épreuves, enduré la douleur et souffert mille pertes. Quand il les couche sur un bout de papier, ils sont sa délivrance. Ils s'entrechoquent parfois, se contredisent de temps en temps, peinent ou ruent dans la phrase. Omar Belhouchet n'a que faire du style. Le temps lui est compté et il se doit de rendre compte au quotidien. Aujourd'hui comme demain — s'il est encore en vie.

Il n'est pas pressé, il est sursitaire. Chaque jour qui passe le ronge un peu plus. Il a beau ne pas être malade, il se sait à durée de vie limitée. Son pays, l'Algérie, a glissé dans la folie. Lui, face au divan, bloc-notes sur les genoux et pistolet braqué sur la tête, tente de l'ausculter. Encore et toujours. Pour comprendre. Parce que, dit-il, c'est « son métier ». Jusqu'au jour où le patient tirera sur le médecin.

C'est arrivé trente-sept fois en deux ans. Et c'est énorme. Jamais vu. Nulle part au monde, les journalistes n'ont payé en si peu de temps un tel tribut. Ils fuient. Ou apprennent à se taire. Pas Omar.

Pour cette raison, on lui pardonne beaucoup. Et il le mérite. Des erreurs ? Il en a fait et en fera comme tout homme. Des éditoriaux partiaux ? Il en a écrit et en écrira comme tout journaliste personnellement impliqué dans un drame. Des pressions ? Il en a subi et en subira comme tout directeur d'une rédaction influente. Et alors ? Quand un homme désarmé accepte d'engager sa vie, faut-il en plus exiger la perfection ?

Lui, ne se berce d'aucune illusion. « Je ne suis pas un héros », reconnaît-il. Et il parle de sa « trouille », de la peur qui peuple ses nuits, des cauchemars qui l'accompagnent et des réveils blêmes au petit matin quand les draps du lit sont imbibés de sueur. Cette vie, la sienne, il l'évoque avec précaution. Il la connaît trop pour chercher à la déguiser. A peine consent-il à dire qu'elle est « cruelle ». Et cela suffit amplement pour comprendre qu'il paye ses convictions au prix fort.

A deux reprises, « on » a essayé d'assassiner Omar. « On » l'a manqué. De peu. Mais « on » recommencera. Cela ne fait aucun doute. Pour assassiner Saïd Mekbel, il avait fallu trois essais. Et beaucoup de patience. Des mois entiers, « on » avait guetté le directeur du quotidien *Le*

OMAR BELHOUCHET. LA PRESSE EN OTAGE

Matin. Jusqu'au jour où, fatigué de vivre comme une bête traquée, il s'est décidé à déjeuner au restaurant. En plein jour, en public. C'était le 4 décembre 1994, et Saïd Mekbel venait de se piéger. A peine attablé, « on » lui logeait deux balles dans la tête.

« En deux occasions, on a tiré sur moi plusieurs coups de feu, notait-il dans l'une de ses dernières chroniques. A cette allure, ils vont finir par me tuer, n'est-ce pas ? Et cela, il faut que je le fasse savoir aux terroristes, leur dire que leur petit jeu est mortel. Peut-être ignorent-ils que les balles de leur revolver peuvent faire mal et tuer ?... »

Omar, lui, n'ignore pas. A la mort de son concurrent et ami, il a eu « mal ». On venait de le déposséder de son *alter ego*. On le privait d'oxygène. On l'isolait un peu plus. Que faire sinon revendiquer haut et clair l'héritage ? Et opposer aux balles une détermination inflexible.

Il le fit. Prenant à témoin plusieurs dizaines de milliers d'habitants de la région natale de Saïd Mekbel, Omar s'engagea. Face au cercueil de son ami, au milieu des youyous lancés par les femmes et sous les applaudissements de la foule, il prêta « serment » : « La presse algérienne poursuivra le combat de Mekbel et restera fidèle à ses idées. »

Il est comme ça, Omar. D'un bloc. Une fois son choix arrêté, il ne recule pas. Et qu'on ne vienne pas lui dire qu'il est fou : c'est en toute conscience qu'il a reproduit dans son journal, *El Watan*, l'ultime billet rédigé par son ami Saïd la veille de sa mort :

« Ce voleur qui, dans la nuit, rase les murs pour rentrer chez lui, c'est lui. Ce père qui recommande à ses enfants de ne pas dire dehors le méchant métier qu'il fait, c'est lui. Ce mauvais citoyen qui traîne au palais de justice, attendant de passer devant les juges, c'est lui. Cet individu pris dans une rafle de quartier et qu'un coup de crosse propulse au fond du camion, c'est lui.

« C'est lui qui, le matin, quitte sa maison sans être sûr d'arriver à son travail. Et lui qui quitte son travail sans être certain d'arriver à la maison. Ce vagabond qui ne sait plus chez qui passer la nuit, c'est lui. C'est lui qu'on menace dans le secret d'un cabinet officiel, le témoin qui doit ravaler ce qu'il sait, ce citoyen nu et désemparé...

« Cet homme qui fait le vœu de ne pas mourir égorgé, c'est lui. Ce cadavre sur lequel on recoud une tête décapitée, c'est lui. C'est lui qui ne sait rien faire d'autre de ses mains, rien d'autre que de petits écrits, lui qui espère contre tout, parce que, n'est-ce pas, les roses poussent bien sur les tas de fumier. Lui qui est tous ceux-là et qui est seulement journaliste. »

Lui, Saïd. Lui, Omar. Et eux, ceux d'en face. Les terroristes, les autorités, les trafiquants. Lui, Omar, contre eux. Pas seul, bien sûr, mais en première ligne. En porte-drapeau. Avec un mot d'ordre : « Tenir. »

Pourquoi ? Pour la liberté. Pour le droit d'informer, de dénoncer, de débattre. Pour le droit d'indignation, de révolte, de colère. Pour le droit d'expression. Pour *El Watan*, « son » journal.

Un quotidien, ce n'est rien. Du papier noirci par l'encre, aussitôt lu, aussitôt jeté. Rien que des mots, des titres, des photos. Rien que des concepts, des idées, « du vent », disent certains. Et pourtant ! Pour ce « vent », Omar est prêt à tout sacrifier. Il l'espérait depuis si longtemps...

Avant le « vent » — le « souffle », préfère dire Omar —, il y eut un feu de brousse. Gigantesque, général, incontrôlable. Un pays entier qui s'est levé pour dire : « Non ! », et exiger des comptes. C'était en octobre 1988 et des milliers de jeunes venaient de s'emparer de la rue. Ils ne voulaient plus le bonheur pour demain, mais maintenant, tout de suite. Ils en avaient soupé de trente années de dictature, du socialisme à l'algérienne, de la corruption, du sous-développement... Ils voulaient que ça change. On leur répondit par des chars, puis par des charrettes de cadavres.

La révolte était matée. Pas son « souffle ». On ne dompte pas le « vent ». On en joue. On affale les voiles, on réduit la toile ou on change de cap. « Le gouvernement du colonel Chadli a compris que, sans un habillage démocratique, il ne survivrait pas », se souvient Omar qui, à l'époque, écrivait dans *El Moudjahid*, le journal du parti unique.

Un an plus tard, un nouveau code de la presse est

adopté. Omar et ses amis n'hésitent pas. Ils s'engouffrent dans la brèche : « Contre notre départ d'*El Moudjahid*, les autorités nous offraient trois années de salaire et la possibilité de créer de nouveaux journaux. Honnêtement, nous n'y avions jamais pensé. Mais nous n'avions rien à perdre. Alors, on les a pris au mot. Ils étaient abasourdis. »

Ainsi naquit *El Watan*, le 8 octobre 1990. A l'ombre d'une féroce répression certes, mais également dans l'euphorie : « Il y avait un fantastique bouillonnement d'idées, tout était possible », se rappelle Omar. 140 titres — dont 70 % en français — apparaissent sur le marché. Les Algériens n'en reviennent pas. Sceptiques comme toujours, ils sourient. Blague de la casbah : « Tous ces journaux, je suis fou ou je rêve ? », s'interroge un lecteur. « Les deux », répond le marchand.

Comme un vieux costume devenu trop étroit, le mensonge officiel craque de toutes parts. Le pouvoir est furieux. Avant, il lui suffisait de tirer les ficelles pour s'entretenir dans l'illusion de la réussite. Le voilà obligé de se justifier, de s'expliquer. En un mot : de rendre des comptes. Inadmissible. Les autorités contre-attaquent. Pas toujours à tort : « Cette presse était jeune, tempère Omar, et elle faisait beaucoup d'erreurs. Comme grisée par sa liberté tout juste arrachée, elle semblait prise d'une véritable frénésie. »

Éclate alors le coup de tonnerre. En juin 1991, les dirigeants du Front islamique du salut (FIS) sont emprisonnés. C'est une déclaration de guerre. Comme dans tout conflit, la presse est sommée de choisir son camp. « Ce mois-là, se souvient Omar, j'ai reçu ma première lettre de menaces. »

Le procédé est nouveau. Plus tard seulement, les islamistes mettront au point un formulaire standard. Avantage : il n'y a qu'à ajouter le nom du « condamné ». Pour l'heure, ils improvisent : « Sachez, messieurs les journalistes d'*El Watan*, que votre tour viendra. Nous allons vous éliminer un par un. Dieu merci, nous avons des armes. Au nom du Dieu auquel vous ne croyez pas, nous n'abdiquerons jamais. »

Les journalistes d'*El Watan* sont pris au piège. Démocrates, ils ne peuvent se ranger dans le camp des islamistes. Contestataires, ils n'ont aucune affinité avec le pouvoir. Il ne leur reste qu'à encaisser les coups. Et ils vont venir. Peu à peu, mais à chaque fois plus directs, plus rudes. Normal. La mort ne surgit jamais brutalement. Elle s'annonce, se met en scène, fait résonner ses tambours et, alors seulement, frappe. C'est une simple question de compte à rebours. De tic-tac avant la déflagration.

Amorcée au cours de l'été, la bombe explose en janvier 1992, lorsque le second tour des élections est annulé. Dès lors, tout est fini. L'armée prend le pouvoir en main. La guerre est ouverte. Et la presse algérienne vit son chant du cygne.

En avril 1992, Omar et l'équipe d'*El Watan* frappent un grand coup. C'est le dernier. Un rapport incriminant l'ancien chef d'état-major de l'armée de terre leur est parvenu. Ils décident de le publier. « Le lendemain, raconte Omar, le ministre de la Défense, Khaled Nezzar, m'appelle au journal. » Furieux, il demande à l'empêcheur de gouverner en rond : « Comment as-tu fait ? Pourquoi tu as publié ça ? C'est très dangereux ! Qui t'a donné ce document ? » « J'ai résisté, poursuit Omar. Pendant vingt secondes, Nezzar est resté silencieux. Puis, il a changé de ton, s'excusant presque. »

Un coup contre les islamistes, un coup contre les militaires, cela suffit-il pour créer un équilibre ? Peut-être. Une certitude en tout cas : cela suffit pour se faire haïr de tous. Une simple information, vérifiée et confirmée par les journalistes d'*El Watan*, va en administrer la preuve. Le 2 janvier 1993, le quotidien annonce l'assassinat de cinq gendarmes à Laghouat. La sanction est immédiate : suspension de la publication et arrestation, entre autres, d'Omar accusé d'avoir porté « atteinte à la défense nationale ». Explication officielle : cette « révélation prématurée d'informations [a] gravement entravé le déroulement d'une enquête sur une action criminelle perpétrée dans une enceinte couverte par le secret défense nationale ».

Comme si le message n'était pas suffisamment clair, le porte-parole du gouvernement annonce dans la foulée que, désormais, toutes les informations relatives à la sécurité seront soumises à un visa officiel. Autrement dit : messieurs les gêneurs, faites silence dans les rangs.

Pour avoir répercuté un fait établi, Omar et cinq de ses confrères restent embastillés dix-sept jours. Pendant plus de vingt-quatre heures, on les garde au secret, enchaînés mains dans le dos et yeux bandés. Puis on les frappe. A leur libération, les six journalistes décident de se taire. Pour ne pas mettre *El Watan* en péril. « A-t-on bien fait ? Je ne sais pas ! s'interroge Omar. Quand on raconte aujourd'hui ce que nous avons vécu, les gens découvrent un autre univers. Mais, à l'époque, nous n'avions qu'une crainte : qu'*El Watan* soit définitivement suspendu. »

La bataille de l'information est ouverte. Islamistes et autorités veulent s'en assurer le contrôle. A coups de chantage à la mort et de manipulations permanentes. Moins de deux ans après sa création, *El Watan* se trouve pris en otage. La mécanique est en place. Il ne reste plus qu'à lancer la machine à broyer.

C'est chose faite le 17 mai 1993. Ce jour-là, Omar prend sa voiture pour déposer ses enfants à l'école. Il s'apprête à repartir lorsqu'un inconnu s'approche et lui tire dessus à trois reprises. « En une fraction de seconde, tout vient à l'esprit, se rappelle Omar. J'ai eu ce cri de la peur, de la mort, qui sort des entrailles. Jamais je n'avais eu un pareil cri. Un cri d'effroi. Le cerveau bloqué, je suis arrivé à 90 km/h en première devant le commissariat. »

Omar est le premier journaliste à être directement visé. Le pouvoir l'avait arrêté, les islamistes viennent d'essayer de le tuer. Fini le temps des palinodies. Le jeu s'est éclairci. Désormais, la presse est en première ligne. Deux semaines plus tard, le directeur de l'hebdomadaire *Ruptures*, Tahard Djaout, succombe à une embuscade. Puis c'est au tour de Rabah Zenati, d'Abdelhamid Benmenni, de Saad Bakhraoui...

Dans le même temps, la répression officielle s'accentue. Tout au long des années 1993 et 1994, Omar subit un véritable « harcèlement judiciaire » : « J'ai passé plus du tiers de mon temps au tribunal. » Le rouleau compresseur est en marche. Il fonctionne par vagues : « Il y a des périodes où l'on tue les journalistes, soupire Omar. Puis, dès que ça se calme, le pouvoir prend le relais. A l'usage, on a le sentiment d'une distribution des rôles. Comme si les deux belligérants s'étaient alliés pour faire taire la presse. »

De fait, islamistes et autorités algériennes partagent au moins un principe : la guerre, leur guerre, doit se dérouler à « huis clos ». C'est le triomphe de la société du mensonge. Deux ans après son printemps, la presse algérienne connaît une régression terrible.

« Quand les différents groupes armés ont commencé à s'attaquer à la population, se souvient Omar, il y a eu de nombreux débats à *El Watan*. Fallait-il publier des articles dénonçant les agissements de l'armée et des islamistes ? Pour les journalistes proches des islamistes, c'était entrer dans le jeu du pouvoir. Pour ceux proches des autorités, c'était faire le lit des islamistes. Nous étions coincés. »

El Watan survit pourtant. En raison de la personnalité d'Omar qui, quitte à y consacrer des heures — voire des journées ! —, élabore compromis sur compromis. Tant bien que mal, le journal maintient le cap. Mais la situation empire de jour en jour. Soumise à une censure impitoyable, menacée de mort par les islamistes, la presse se vide peu à peu de sa substance. « De moins en moins de journalistes se rendent sur le terrain, reconnaît Omar. Les gens ont d'ailleurs peur de les recevoir. Pour eux, le journaliste, c'est celui qui ramène la mort. »

Le 3 octobre 1994, la presse algérienne tente de se rebeller. Pour « faire prendre conscience à l'opinion publique du sérieux danger qui guette [sa] liberté », elle décide d'une grève de trois jours. Dans un éditorial publié la veille, Omar explique : « Depuis deux ans, l'intégrisme religieux et les forces de la corruption qui dominent encore l'appareil de l'État s'acharnent contre ce métier. En cherchant à réduire les poches d'expression qui existent encore en Algérie, c'est la démocratie qu'on cherche désespérément à mettre de côté. »

Au début de janvier 1995, il revient à la charge : « Comment résister à un terrible harcèlement de l'appareil d'État (armée, justice...), à la loi du silence imposée par le régime et, en même temps, continuer de raser les murs pour échapper aux criminels des groupes armés islamistes ? » La réponse est simple, limpide même : il faut accepter de mettre sa vie dans la balance. Ni plus ni moins. C'est le prix à payer.

Et Omar le paye. Pour la seconde fois. Le 12 janvier, il échappe de peu à un nouvel attentat. Une voiture le file sur l'autoroute, arrive à sa hauteur et tente de lui faire une queue de poisson. Omar entr'aperçoit le canon d'un fusil. Il écrase aussitôt l'accélérateur. Après des kilomètres de course-poursuite, les assaillants renoncent.

De passage à Paris peu après, il rencontre Jean Daniel. Le directeur du *Nouvel Observateur* lui recommande de « faire des alliances ». Omar s'insurge : « Non ! répond-il, il est possible de se battre sans pactiser avec les uns ou les autres. Je suis peut-être un doux rêveur, mais je veux y arriver. Nous aussi, nous devons faire notre apprentissage ; nous aussi devons réussir à nous affranchir. » Et il retourne à Alger.

Drôle de vie. Pour limiter les risques, Omar dort de plus en plus souvent à l'hôtel. Quand il passe dire bonjour à ses deux enfants, ces derniers le supplient à chaque fois d'enlever ses lunettes : « Papa ! Il ne faut pas qu'on puisse te reconnaître dans la rue. » Omar ne s'appartient plus. Il devient cet étranger à lui-même que décrivait admirablement Saïd Mekbel peu avant son assassinat : « Sur les conseils d'amis soucieux de ma sécurité, j'ai modifié mon apparence physique [...]. Dans la rue, plus personne ne me reconnaît plus, plus de signes amicaux, de mots gentils, plus rien. J'ai vraiment l'impression d'être mort. Et parfois ce sentiment est si intense et si fort que j'ouvre le journal pour voir si on n'y annonce pas mon assassinat. »

Omar comme Saïd. Omar, aujourd'hui privé de Saïd. Omar et sa nouvelle compagne, la peur : « Le soir, quand je suis seul, j'ai peur, très peur. Il me faut prendre des cachets pour m'endormir et calmer mes angoisses. Un bruit, le souvenir d'un détail de ma journée peut parfois suffire à déclencher une bouffée d'adrénaline. Ma hantise, c'est d'être égorgé. J'en fais des cauchemars. Au petit matin, juste avant d'ouvrir les yeux, je me surprends parfois à me demander si je suis seul dans ma chambre. S'il n'y a pas là, juste à côté de moi, dans l'attente de mon réveil, des terroristes. »

La peur... et la solitude. Omar privé de sa femme, morte d'une maladie du cœur contractée peu après la première tentative d'assassinat contre son mari. Omar privé de ses enfants envoyés en exil à Paris : « Quand ils n'arrivent pas à atteindre les parents, ils enlèvent les gosses. Et s'ils enlèvent mes gosses, je me livre. Tous les soirs, je me disais qu'ils allaient finir par me les prendre. » Omar privé de ses amis, assassinés ou réfugiés à l'étranger. Omar, solitaire aux commandes d'un journal en train d'agoniser : « Nous étions quarante en 1992. Nous sommes aujourd'hui vingt-quatre. La plupart des journalistes sont partis en exil. Le mouvement continue. »

Omar, pourtant, qui continue d'y croire. Qui rit, s'amuse, pleure et parfois déteste. Qui vit. Envers et contre tout. « Souvent, remarque-t-il, on me dit que j'envoie mes journalistes au feu, à la mort. C'est vrai, c'est plutôt mon genre. Il faut y aller ! Je ne force pas la main, mais je demande aux reporters de se rendre dans la mesure du possible sur le terrain. Parfois, j'y vais moi-même. En faisant le chauffeur ! »

Omar et ses pieds de nez à la mort. Et son optimisme inébranlable : « Le gouvernement vient à nouveau de porter plainte contre *El Watan*. Cette fois, pourtant, le juge d'instruction a refusé que je sois placé sous mandat de dépôt. C'est admirable ! Il en faut du courage à un juge pour s'affranchir du pouvoir. »

Omar qui, de son bureau-citadelle, organise la résistance : « Quand j'ai un coup de fatigue dans la journée, je me dis que l'espoir de tout un peuple repose sur les journalistes et la presse. Vous savez, l'Algérie est le seul pays au monde où toute une ville accompagne l'enterrement d'un journaliste. »

Omar qui, pourtant, est devenu expert en géographie du désespoir. Qui, au cours d'un dîner, s'interroge froidement : « La décapitation a-t-elle une valeur symbolique pour les islamistes ? » Omar, qui affirme ne pas exclure qu'un jour la ligne rouge soit franchie : « Ils vont finir par dynamiter les journaux. » Et alors ? « Alors, poursuit Omar, j'irai imprimer *El Watan* à l'étranger. Comme l'ont fait les journalistes libanais pendant la guerre. »

Omar qui n'a « pas le droit de fuir, de rebrousser chemin » même si, et il le sait bien, « personne ne m'en tiendrait rigueur ». Omar qui n'est ni un héros ni un lâche. Rien qu'un homme de « petits écrits », comme le disait son ami Saïd Mekbel. Un homme « qui espère contre tout, parce que, n'est-ce pas, les roses poussent bien sur les tas de fumier ». Omar, qui est « seulement journaliste ».

Patrick DE SAINT-EXUPÉRY

BOSNIE

Zlatko Dizdarevic

Le rédac'chef de guerre

A quoi bon ? A quoi bon lancer encore son rafiot sur un océan d'indifférence ? Pourquoi braver une mer d'huile après avoir risqué, à l'heure des tempêtes, de fracasser l'esquif sur des îlots de rage ? Allez savoir : Zlatko Dizdarevic est ainsi fait. Peu lui importe que, faute de vent, la grand-voile s'affale. Tant pis si pas un souffle de brise ne ride la surface des flots. Incurable naufragé volontaire, il s'obstine à appareiller. Mais ne quitte Sarajevo, le seul vrai port d'attache, que pour y revenir, chaque fois couvert d'honneur, chaque fois un peu plus las. « L'anti-héros par excellence », dit de lui l'éditrice Maren Sell, son amie.

De fait, on échoue, fût-ce en forçant le trait, à le dépeindre en Ulysse. A moins d'imaginer qu'au retour de son périple le marin d'Homère découvre une Pénélope exsangue, fauchée par un éclat d'obus, auprès d'un ouvrage à demi détricoté. Parce qu'il défie les moulins à vent, parce qu'il pourfend les reculades des maîtres du monde, certains esprits forts le voient en Don Quichotte, la candeur et la triste figure en moins. Soit. Mais à la condition de greffer l'âme de l'homme de la Mancha sur le corps de son fidèle Sancho Pança.

Car Zlatko a la vivacité des êtres courts et ronds. Le visage, plein et expressif, ne sait ni feindre ni mentir. Dépit, colère, allégresse, perplexité, ennui : la moue trahit tout Souvent acéré, le regard gris-bleu se fait parfois tendre et complice. Il se peut que la prunelle s'allume d'un feu espiègle ; que, dans un plissement soudain, le rire illumine un faciès volontiers bougon. Cela arrive. Mais de plus en plus rarement. D'hiver de guerre en hiver de deuil, on a vu l'œil se voiler d'une indicible mélancolie. La lueur ne s'éteint pas, mais elle paraît moins amusée. Les familiers y décèlent la marque du désenchantement. Comme un soupçon de *pasjaluk*, ce « dépit bosniaque », mélange de fatalisme, de panache et de rancœur incrédule.

« Naguère, à Paris, il était chic d'avoir “Zlaja” à sa table, lâche, désabusé, un de ses confidents. On se l'arrachait. On se le dispute moins. » Pensez donc : le « rédacteur en chef de guerre » d'*Oslobodenje* ; la plume la plus incisive du titre le plus mythique de Sarajevo ; le porte-étendard de ces journalistes qui, reclus dans leur abri anti-atomique à cent mètres du front, « bouclaient » chaque nuit au son du canon entre lits de camps, linge étendu et pâté en boîte... Un must. Puis vint le temps où, hormis un cercle étroit d'irréductibles, les élites de l'Ouest eurent épuisé leur quota d'indignation balkanique. La rhétorique compassionnelle avait trouvé à s'employer ailleurs. Au Rwanda ou à Grozny.

Pour Zlatko Dizdarevic, le réveil fut amer. « Une même urgence, un écho moindre : lui s'est senti trahi », note Maren Sell. « Il a été blessé, renchérit un des membres du dernier carré. Surtout par les Français. Car c'est d'eux qu'il espérait le plus. » Héritage, sans doute, du souffle ardent de mai 1968, que Zlatko, vingt ans à peine, vint humer pour le compte de *Spectar*, journal de la jeunesse de la Ligue des communistes yougoslaves. Souvenir des deux jours passés dans la Sorbonne occupée, entre Cohn-Bendit — Dany le Rouge — et André Glucksmann. « Pour nous, venus de chez Tito, ce Paris insurgé ouvrait une vision d'avenir, raconte l'envoyé spécial un bon quart de siècle plus tard. On y voyait l'annonce de l'émergence possible d'un État de droit. Un espace de débat et de tolérance. »

Un jeudi de mai 1994, le temps d'un colloque mis sur pied par *Arte* et *La Sept*, Zlatko retrouvera le temple parisien du savoir, rendu depuis des lustres à ses pompes. A la tribune, il côtoie le dissident serbe Ivan Djuric, le Croate

ZLATKO DIZDAREVIC. LE RÉDAC'CHEF DE GUERRE

Predrag Matvejevic et l'historien Jacques Julliard. Thème du débat. « L'Europe est-elle morte à Sarajevo ? » Fidèle à lui-même, l'invité bosniaque déboule *in extremis* et se désole à voix haute d'avoir à s'exprimer en français — langue au demeurant fort bien maîtrisée. Trois minutes et quelques formules à l'emporte-pièce plus tard, la salle est conquise.

Il n'empêche. Comme elle paraît loin, cette tournée des provinces françaises, menée tambour battant dès 1992 ! Partout un accueil chaleureux. Partout des salles attentives et vibrantes. Partout la « une » des quotidiens régionaux. « Un traitement de star, confie l'un de ses compagnons d'alors. C'était l'époque héroïque, le temps des pionniers. » Se peut-il qu'un tel élan se soit étiolé ainsi ? La réponse est oui. Verdict d'une amie : « Plus qu'une mauvaise conscience, Zlatko est une conscience malheureuse. » « Envers l'Occident, avoue-t-il en écho, je n'éprouve nulle haine. Mais une hostilité instinctive. Elle m'empêche de lire ce qui s'écrit chez vous sur la Bosnie. Je n'en ai plus la force. Trop de cynisme. On a célébré les mille jours du siège. Mais il peut durer dix mille jours. Pourvu qu'on nous concède un droit de survie. Ça ne gênera personne. Sarajevo n'est ni Belgrade, ni Zagreb, ni Ljubljana. Il n'appartient à aucun empire. » L'homme se fait un sang d'encre, et y trempe la plume.

Meurtrie, la « conscience malheureuse » peut avoir la dent dure. A propos d'un philosophe, pourtant peu suspect de tièdeur envers la cause bosniaque, Zlatko eut un jour, en privé, ce mot cruel : « Son obsession, c'est de devenir Malraux. Et pour ce faire, il lui fallait sa guerre d'Espagne. Il l'a trouvée chez nous. » Auteur de la préface des *Portraits de Sarajevo*, témoignage paru aux éditions Spengler, Glucksmann vante le ton « serein, dépourvu d'acrimonie » de ces croquis alertes et touchants, émaillés de lumineuses paraboles. Comme pour corroborer le constat, Dizdarevic date ainsi son propre avant-propos : mars 1994, le lendemain de notre victoire sur l'équipe des Nations unies par 4 à 0, allusion à la cuisante leçon de football infligée par une sélection bosniaque aux casques bleus. Un an plus tard, la dérision n'a plus cours. L'heure est au réquisitoire. Pour preuve, l'implacable *J'accuse l'ONU* (Calmann-Lévy), rédigé avec le journaliste milanais Gigi Riva. Cibles favorites de ce brûlot, véhément jusqu'à l'outrance : François Mitterrand, le général britannique Michael Rose, ex-patron des « soldats de la paix » en Bosnie-Herzégovine et, plus malmené encore, le Japonais Yasushi Akashi, émissaire permanent en ex-Yougoslavie du secrétaire général du « Machin », Boutros Boutros-Ghali. L'ancien chef de la diplomatie égyptienne en prend, lui aussi, pour son grade. C'est que Zlatko, correspondant d'*Oslobodenje* au Caire de 1978 à 1983, attendait beaucoup — trop ? — de ce copte marié à une juive, réputé attentif au sort des minorités. Comment oublier les « merveilleuses marques d'affection » de « BBG » pour son petit-fils, camarade de classe de Ognjen, l'aîné des enfants Dizdarevic ? « J'ai vécu son arrivée à New York comme une nette victoire de la justice sur le mal », écrivit le Cairote d'adoption dans son *Journal de guerre* (Spengler). Plus dure sera la chute. « Dire que j'étais si fier, soupire-t-il aujourd'hui, de voir mon papa officier coiffer le béret bleu, le temps d'une mission au Sinaï. »

Alors, à quoi bon ? Au nom de quoi prêcher ainsi dans le désert ? Au nom de quoi et de qui ? Au nom du père avant tout. Par respect envers cet homme vénéré, ancien général de l'armée yougoslave, décédé dans son appartement de Sarajevo une nuit de janvier 1994. « Il avait décidé de partir, soutient Zlatko. De s'endormir pour toujours. » La veille, à l'heure de prendre congé, le vieux Mustafa étreint son fils cadet, venu en visite, sur le pas de la porte. Tendresse insolite de la part d'un officier à la retraite, pudique au point d'avoir appris très tôt à ses fils que les hommes ne « s'humectent » pas. Seuls, jusqu'alors, les petits-enfants avaient droit à de tels débordements affectifs. Un signe. Et puis, il y a cet aveu : « Cette fois, Zlaja, c'est fini. Mon heure a sonné. J'ai tout perdu. Le passé avec le pont de Mostar. Le présent avec mon violon. Et l'avenir, puisque jamais je ne reverrai tes garçons. » De fait, Ognjen et Drazen vivent à Bergame (Italie), au côté de leur maman, la blonde Biljana. Le vieux violon ? Éventré, peu avant, par un éclat d'obus. Quant au *stari most*, l'« arc-en-ciel séculaire au-dessus de la Neretva » que célèbre Zlatko dans ses *Portraits*, il a succcombé au zèle maléfique des artilleurs d'en face.

Mostar. C'est là, au cœur de l'Herzégovine, que Mustafa Dizdarevic, dernier-né de l'imam de la grande mosquée, vit le jour. A sa mort, son père, notable musulman, avait confié l'unique héritier mâle à un ami très cher : le père Jovan, un prêtre orthodoxe, qui poussera son protégé vers le métier des armes. C'est là qu'il s'illustra en 1945, libérant la cité à la tête de ses partisans titistes. C'est là qu'est né, un an plus tard, Miro, le frère aîné de Zlatko, futur architecte. C'est près de là, au bord d'une rivière poissonneuse, que les deux fils Dizdarevic ont, en grand secret, fait bâtir une bicoque pour leur pêcheur de père. Un dimanche, la famille a quitté Sarajevo, entassée dans une Skoda poussive. Cap au sud. « Quand papa a découvert "sa" maison, raconte Zlatko, il en avait les larmes aux yeux. » Lors de ses virées à l'Ouest, jamais le fils prodigue n'oublie le passe-temps paternel. Témoin, le récit de Daniel Rondeau, paru dans le *Nouvel Observateur* en avril 1993. On y voit Zlatko rentrer au bercail, les bras chargés de chocolat, de fromage ou de cigarettes, mais aussi d'un rouleau de fil de pêche et d'un lot de mouches et d'hameçons.

C'est à Mostar enfin, non loin du défunt vieux pont, que les herbes folles tapissent le caveau de famille acheté jadis, « vide à jamais ». Car on enterrera Mustafa à la sauvette au cimetière du Lion, même si la camarde, maîtresse insatiable de Sarajevo, s'y sent tellement à l'étroit qu'elle a franchi la route pour annexer le talus en contrebas, puis le stade voisin. A l'heure d'être porté en terre, le corps du défunt repose dans un cercueil d'épais carton. Prix : 75 Deutschemark et 5 litres d'essence.

C'est donc, faute de mieux, sous un tableau des légendaires arches de pierre que s'est éteint l'officier retraité. « Toute sa vie, écrit Zlatko, mon père a porté cette toile en lui. Il l'a peinte lentement, et avec un rare sérieux pour un amateur. » Comme on rédige un testament. « La guerre, confie le fils inconsolable, l'a tué à sa façon. Il a renoncé à lutter quand il a vu de quoi son armée était capable. Nous avions souvent des discussions orageuses. Jusqu'au bout, papa a voulu croire que l'idéal et la tradition triompheraient des voyous. Jusqu'au jour où l'emblème des tchetniks a supplanté l'étoile des Partisans. » Une infamie pour cet ex-général atypique, rebelle et mélomane, seul Musulman diplômé de l'Académie militaire avant-guerre, et qui quittera l'armée à quarante-neuf ans, pour avoir été, lui le tacticien expert, désavoué à tort par un supérieur sur un champ de manœuvres. « Il m'a enseigné l'essentiel de la vie, chuchote d'une voix altérée le chroniqueur du calvaire bosniaque. La dignité de l'homme, la liberté de choix. » Aux premières heures du siège, le père Dizdarevic léguera aussi à Zlatko ce conseil : n'oublie jamais qu'un jour tes enfants reviendront à Sarajevo ; il faut qu'ils puissent déambuler tête haute.

Mais reviendront-ils ? Le cadet, Drazen, neuf ans, « est, malheureusement, déjà presque italien ». A l'inverse, Ognjen, quinze ans, « se sent chaque jour plus bosniaque ». « C'est la dernière fois que tu rentres là-bas sans moi ! » lance-t-il à son père au sortir du troisième hiver d'exil. Zlatko en convient : la destinée du duo le taraude. « Que dois-je leur apprendre ? Faut-il enseigner les bonnes manières, le goût pour les arts, la culture, le Louvre et le musée d'Orsay ? Ou les inviter à prendre les armes, à se forger une âme de combattant ? Ils ont vu, avec moi, Jérusalem et les splendeurs de l'Égypte ancienne. Jamais il n'y eut à la maison le moindre pistolet. Mais persister dans une telle voie, n'est-ce pas hypothéquer leur devenir ? Pour eux, l'histoire de Sarajevo est révolue. Pas sûr qu'une vie d'écolier normal y soit possible, même si la paix revient. C'est là que Radovan Karadzic — le chef des Serbes de Bosnie — a gagné. C'est en cela que les Nations unies ont failli. Dans l'abandon des principes de la Charte et de quelques valeurs universelles, au nom d'une trompeuse équité. Dans l'aval donné au primat de la force militaire sur le droit. Personne n'a tué l'ONU. Elle s'est suicidée à Sarajevo. »

Pas un jour ne s'écoule sans que Zlatko ne songe aux

générations de gamins sacrifiés, des « enfants sauvages » pervertis par cette « culture de guerre » dont il a mesuré les ravages au Liban ou dans les Territoires occupés. Mais il plaint aussi les « autres victimes », les petits Serbes élevés dans la haine de l'autre, nourris du mépris des vertus qui firent la noblesse du siècle, tolérance, ouverture, justice et respect des droits de l'homme. « Je n'ai plus qu'un seul souhait, note-t-il dans ses *Portraits.* Que mes fils, Sarajéviens et Européens par chance ou par un concours de circonstances, ressemblent un jour à leur grand-père. » A celui-ci, l'homme de plume a dédié son deuxième ouvrage. A ceux-là, son troisième. Il pourrait fort bien dédicacer le prochain à sa mère Sefika, femme discrète, chétive et usée, restée seule dans le vieux logement perché au détour d'une rue pentue. Ou à Miro, son aîné à la santé vacillante, architecte prisonnier d'une ville livrée aux casseurs. Architecte, donc désœuvré. Chassé de son appartement de Grbavica, quartier conquis par les milices serbes. Et qui, pour tuer le temps, peint des paquets de cigarettes.

La scène se passe à Paris, le 10 décembre 1992. Lauréat du prix Reporters sans frontières, Zlatko Dizdarevic, otage tout à la fois des miliciens serbes et des bureaucrates onusiens, n'a pu sortir à temps de la capitale assiégée pour recevoir son trophée. Mais Biljana, « Ogi » et « Dado », tous trois venus de Bergame, sont là. Eux qui quittèrent Sarajevo pour deux à trois semaines, pensait-on alors, par le dernier vol régulier. « Scène éprouvante, se souvient Zlatko. Des milliers de candidats au départ pour deux avions de trois cents places. Or, argent : les gens offraient toute leur fortune pour une carte d'embarquement. » Un siège d'avion pour fuir celui de la ville. « Mon mari, avance Biljana d'une voix étranglée, n'est qu'un pion dans un jeu ignoble. » Boudeur, le benjamin balade à la tribune une petite voiture rouge. Tandis que son aîné lit avec gravité une lettre de l'absent. Il y est question d'une ville-prison, des repus qui, rongés par la honte, n'oseront plus demain affronter le miroir, et des rescapés, ceux qui sortiront de là « plus forts et plus honnêtes ». Pour le couple, bien sûr, l'épreuve sera rude. L'un songe à sauver sa ville ; l'autre à refaire leur vie.

« Biljana est cent fois plus pragmatique que moi, admet Zlatko. Elle voulait tout oublier, tout effacer. Partir en Australie, aussi loin que possible. Mais la distance que l'on met entre nous et notre tragédie ne change rien. Partout, on l'emporte avec soi. »

Des femmes à l'âme cristalline, des hommes intègres jusqu'à la déraison, Zlaja en a croisé souvent à Sarajevo, cité de l'héroïsme ordinaire. C'est sûrement pour elles, c'est aussi pour eux, qu'il s'échine à lancer ses bouteilles à la mer. Voyez la « vraie copine », Nadia Salom, une consœur « serbe par sa mère, slovène par son père, juive par son nom de famille ». Zlatko et elle ont fréquenté les mêmes classes et sévi dans le même canard lycéen, *Polet*, avant de rallier tous deux le groupe *Oslobodenje*. Éprise des lumières d'Orient, du Sinaï et du mont Sainte-Catherine, Nadia fut du voyage lorsque, peu avant la guerre, l'ancien correspondant au Caire cornaqua une bande d'amis dans sa chère Égypte. Leur prochaine virée les emmènera, si d'aventure les canons se taisent, au cœur d'une ville sacrée, elle aussi trois fois sainte et cent fois maudite. L'an prochain à Jérusalem...

Voyez aussi Fahro Memic, sentinelle plantée, tandis que pleuvent les bombes, sur le seuil d'*Oslobodenje* — Libération —, au pied des arrogantes tours jumelles dont il ne restera bientôt qu'un moignon calciné, émergeant du fatras de verre pilé et de poutrelles tordues. Lui couchait les camions et les bobines de papier journal en travers des entrées du bâtiment pour en barrer l'accès. Voyez encore Vlado Mrkic, le kamikaze qui sillonnait en tout sens, au volant de sa Golf déglinguée, une capitale labourée par les obus. Offrant à la rotative, monstre tapi dans les sous-sols du QG, la copie venue du bureau établi au centre-ville. Puis livrant dès l'aube, aux vendeurs des rues, les tas de journaux fraîchement imprimés. Vlado qui, en route jadis pour l'Éthiopie, fit lui aussi halte au Caire, le temps d'une visite guidée. Vlado qui, à force d'explorer la fédération, fut l'un des seuls à pressentir les fêlures de la chimère yougoslave. Vlado qu'une feuille « patriote » rangea parmi les agents de la « cinquième colonne ». Il faut dire que le trompe-la-mort était serbe.

Quand il parcourt l'Europe pour y secouer l'apathie des consciences, Zlatko Dizdarevic puise sans doute un peu de réconfort dans la ferveur intacte de quelques amis italiens ou français, fidèles d'entre les fidèles, tels Francis Bueb, un ancien de la Fnac, ou Maren Sell. Le voyageur peut, à tout moment, « poser son sac » dans la « maison ouverte » de la rue Suger (sixième arrondissement) qu'il surnommait, en des temps plus pagailleux, le « BB ». En clair, le « bordel bosniaque ». Est-ce un refuge, un phalanstère ? Ni l'un ni l'autre. Plutôt un coquet port d'escale, tout à la fois bureau, cantine et dortoir. De passage, l'invité met volontiers la main à la pâte. Et aux pâtes. Maren Sell n'a pas oublié le « concours de spaghetti » qui, un soir, opposa Zlatko à son complice Gigi Riva. Pas plus que le sens de l'écoute de cet « être magnifique, attentif, charnel et chaleureux ». « Zlatko est avant tout un homme fraternel, murmure Francis Bueb, le franc-tireur tourmenté qui ouvrit à Sarajevo une librairie française. Il aime les humbles. S'il vit sous votre toit, il fait les courses et la vaisselle. A votre retour, vous découvrez sur la table une nappe, des serviettes, un bouquet de fleurs et un plat somptueux, bricolé avec trois œufs. »

Les livres, les voyages au long cours, les égards des puissants, les séjours à Paris ou en Italie, la sollicitude un rien béate de la presse étrangère : il y a, dans l'errance de Zlatko, assez de « privilèges », aussi vains soient-ils, pour susciter des vocations d'envieux. Jusqu'au sein même de son journal. Les plus aigris vous glissent qu'au fond « il mène la grande vie sur le dos des Bosniaques ». Très vite l'« accusé » a senti qu'il n'échapperait pas à ce procès. « Je profite de la guerre ? Soit, rétorque-t-il. Ainsi le veut la psychologie du ghetto : tout homme qui sort court le risque de passer pour un planqué. Mais j'ai pour moi le respect des gens simples. » Bien sûr, il arrive que le doute effleure Zlatko. Voire le mine. « Chaque semaine, avoue-t-il, je calcule le nombre de jours passés à l'étranger. D'ailleurs, je ne peux travailler qu'à Sarajevo. Pas une ligne n'a été écrite ailleurs. J'ai besoin d'y être. Et je n'en partirai pas sous prétexte qu'un crétin au bout d'un canon me l'ordonne. Je quitterai ma ville à l'heure de mon choix. Prisonnier de ma cave, je me sens libre. Libre d'envoyer les tueurs postés sur les collines se faire foutre. » « Personne ne le chassera, renchérit un ami. Même s'il rêve d'une cabane au bord de l'eau, de cannes à pêche, de bouquins et de Dordogne. » Ou de la maison de week-end nichée sur une île au large de Dubrovnik (Croatie), aujourd'hui inaccessible.

Écartelé, Zlatko se sait utile hors les murs, mais s'en veut de ne pas partager plus souvent le fardeau de ses compatriotes. Témoin, ce moment d'abattement, au terme d'une journée infructueuse au Parlement européen. « Zlaja se demandait ce qu'il faisait là, relate un témoin. Ma place n'est pas ici, mais parmi les miens. Comprennent-ils au moins, là-bas, que je peux les servir ainsi ? » Depuis lors, son ressentiment envers les instances communautaires ne s'est guère adouci. « C'est quoi, Strasbourg ? Rien. Une mascarade qui coûte des milliards de dollars. L'Europe n'existe pas. Partout la logique d'État prévaut. Comme avant la Première Guerre mondiale. » On trouve, penchés sur le dossier Dizdarevic, maints procureurs. Les plus fielleux invoquent aussi le pedigree de Zlatko, rejeton d'une dynastie musulmane très influente à l'heure titiste. Ainsi, tout en louant le « fantastique journaliste et l'essayiste de talent à la plume alerte », cet officiel du SDA — le Parti d'action démocratique du président bosniaque Alija Izetbegovic — recense les Dizdarevic coupables d'avoir servi le communisme yougoslave. Qu'ils fussent diplomates, militaires, directeur de la télé ou hommes d'appareil. De même, on ne pardonne pas au journaliste les articles écrits en 1983, au moment de l'arrestation d'Izetbegovic par le régime d'alors. Il est vrai que l'« essayiste de talent » n'a jamais ménagé la présidence. « A ses yeux, note-t-il, nous passons pour des yougo-nostalgiques. » Zlatko aura même le malheur de dénoncer la tentation du parti unique. Et de prôner l'effacement des leaders rescapés, héritiers d'une pensée totalitaire, qu'il s'agisse du Serbe Slobodan Milosevic, du Croate Franjo Tudjman ou d'Alija soi-même, « le premier à avoir lancé une formation sur base ethnique ». « En apparence, répète-t-il sans se lasser, on se bat pour des territoires. Mais le vrai combat oppose les démocrates aux fascistes. » Inquiet, l'un de ses amis le croit « aussi menacé au-dedans qu'au-dehors ».

D'emblée l'« historien de l'instant » avait prévenu : c'est bien la veulerie de l'Occident qui, en Bosnie, fait le lit du fanatisme, islamique ou pas ; il y a plus à craindre d'un ghetto musulman homogène que d'un patchwork pluraliste. « Le sentiment de trahison : quel excellent terreau pour les extrémistes ! Je vois mal la Bosnie-Herzégovine s'abandonner à l'intégrisme. Mais comment exclure que le désespoir arme le bras des terroristes et des totalitaires ? Guère plus nombreux qu'hier, les radicaux se montrent plus agressifs. » A cet égard, Zlatko juge désastreuse l'annulation de la visite à Sarajevo du pape Jean-Paul II, attendu le 6 septembre 1994. « Merveilleux arguments pour les islamistes. Pourquoi se priveraient-ils de fustiger les lâchetés du monde chrétien ? Pour nous, qui croyons encore à une Bosnie civilisée, c'est une tragédie. Nous voilà à court d'arguments. Que réplique-t-on à quiconque se risque à vanter la maturité des États du Vieux Continent ? Ceci : montre-nous donc ce que ton Europe a fait ici ; moi, j'ai la preuve que l'Arabie Saoudite ou l'Iran ont agi. »

Admettons un instant la validité du douteux procès en hérédité qu'instruisent les sectaires. Quoique vacciné par l'exemple de Mustafa, Zlatko n'eut dans ce cas que plus de mérite d'échapper à la trajectoire d'apparatchik modèle. Son brio et sa précocité lui auraient permis d'atteindre sans effort le firmament de la Ligue communiste. Les vertes années épousent les méandres de la carrière paternelle. Le second fils Dizdarevic vient au monde en janvier 1947 à... Belgrade, au temps où le général enseigne à l'Académie militaire. La famille s'installe ensuite à Skopje (Macédoine), puis à Sarajevo. Là, au grand dam de sa mère Sefika, le dernier-né délaisse après deux ans la faculté d'électro-technique pour le droit. « Trop théorique. De plus, j'animais déjà la revue de la jeunesse, rendez-vous de l'élite bosniaque en herbe. Futurs intellos, écrivains, journalistes : la crème. Bientôt, me voilà convié à la présidence de l'Organisation de jeunesse, en tant que délégué de la Bosnie-Herzégovine. L'appartement, le confort, les voyages : la belle vie trois années durant. »

Peu attiré par une carrière de permanent du système, l'étudiant prometteur obtient une bourse d'études pour Paris. Hôte de l'ORTF, il partage son temps, sept mois durant, entre les cours de « théorie de la communication » et la section yougoslave des programmes en ondes courtes. A peine rentre-t-il au pays que Mehmet Halilovic, alors patron du service politique d'*Oslobodenje* — il en est aujourd'hui le rédacteur en chef — lui propose un stage. Son premier papier ? Un récit paru dans la rubrique « Chronique de la vie ». Une histoire de permis de construire, objet d'un vieux contentieux entre un administré et la municipalité. « Au début de la guerre, le gars est venu me voir, un gros dossier sous le bras. Son affaire courait encore. » Bientôt, tout s'emballe. Zlatko gravit à marche forcée les échelons de la hiérarchie maison. Il a tout juste vingt-sept ans quand on lui offre de voler au secours de *Svijet* — « Le Monde » —, un magazine du groupe en chute libre. Bientôt, le ton se durcit et le tirage décolle. « Je me souviens d'un dossier de douze pages sur l'usage abusif des voitures officielles, raconte Zlatko. A l'époque, ce fut un tremblement de terre. »

Sa mission accomplie, le « jeunot » demande un poste à l'étranger. Que choisir ? Les États-Unis ou le Moyen-Orient ? Ce sera Le Caire, où il emmène Biljana et Ogi, alors âgé de trois ans. Et où naquit Drazen. « Une période bénie, admet-il, le regard voilé de nostalgie. Nous vivions dans le luxe. Et la matière me fascinait. D'Égypte, je couvrais aussi Israël, les Territoires, Arafat et l'OLP, le Liban, Beyrouth, le Soudan, l'Algérie, la Libye. Il y a eu Saddate à Jérusalem, l'amorce du retrait de Tsahal du Sinaï, l'attentat contre l'immeuble Drakkar à Beyrouth, le raid américain sur Tripoli... » Au terme de son « mandat » égyptien, Zlatko œuvre au lancement de *Nedelja*, un hebdomadaire politique proche du sage Ante Markovic, un temps Premier ministre fédéral. « C'était, avance-t-il, l'ultime oasis des journalistes indépendants. La tribune des esprits libres. » Mais très vite, l'éditorialiste revient épauler l'équipe d'*Oslobodenje*. C'est que le temps se gâte : faute de la muscler, le pouvoir local entreprend d'étatiser la presse. Voire de répartir les titres entre courants ethniques. La négation même de l'esprit d'un quotidien où œuvrent, côte à côte, non des musulmans, des Serbes et des Croates, mais des journalistes animés d'un même idéal et qui se trouvent être l'un ou l'autre. Au point de ruiner l'argument selon lequel toute vie commune serait impossible, sinon contre nature. Aprement combattue, la tentative d'annexion tourne court. Constat de Zlatko : « Ce journal, c'est notre maison. L'instinct y prend le pas sur les plans de carrière. Nous avons mené dans ses colonnes tous les combats contre l'*establishment* et les partis nationalistes. Un signe : nos femmes détestent le canard. Elles nous prennent pour des fous. »

Bien sûr, « Libération » ne fut pas l'îlot de tolérance volontiers dépeint à l'Ouest, abrité par miracle des pressions et des vents mauvais. Il lui arrivera, au nom de l'union sacrée face à l'agresseur, de « coller » docilement à la ligne gouvernementale. Et de céder au chauvinisme antiserbe. Il n'échappera pas à l'éternel bras de fer entre les adeptes du journalisme patriotique et les avocats du seul devoir d'informer. Au printemps 1992, lorsque claquent les premiers tirs, « carton » des miliciens serbes planqués dans les étages de l'hôtel Holliday Inn sur une foule pacifiste, Zlatko est au journal. Trois ans plus tard, il se reproche encore, lui l'analyste chevronné des convulsions du monde, d'avoir mésestimé alors l'ampleur du désastre. « Ce fut, concède-t-il, ma plus grave faute professionnelle. J'avais en main tous les éléments. Dans n'importe quel autre pays, j'aurais vu clair. Mais voilà : à Sarajevo, tout était tellement teinté d'émotion. »

Neuf mois plus tard, le « rédac'chef de guerre » guide son visiteur dans les entrailles d'*Oslobodenje*, mastodonte à demi assoupi. Voici le local des photographes, pulvérisé une semaine plus tôt. Et voici le bureau du maître de céans. Le troisième de l'année. La veille, un obus de 105 mm a eu la bonté d'âme d'y atterrir sans exploser... Le voici enfin, les bras croisés, l'air buté, adossé à l'une des dernières bobines de papier en stock. Furieux de savoir des tonnes de réassort coincées à Kiseljak, aux portes de la capitale, ou à Split, sur la côte adriatique. « On fera d'*Oslobodenje* un journal mural s'il le faut. On ne tirera que cent exemplaires si nécessaire. Mais il faut à tout prix préserver le titre. »

Comme un journal a davantage besoin de lecteurs que de papier, Zlatko manque plus de consciences en éveil que d'hommages. Il ne se résout pas à sortir grandi de l'agonie de son pays. A quoi bon ?

Vincent HUGEUX

CAMEROUN

Pius Njawé

Empêcheur de tricher en paix

A deux pas de la cathédrale de Douala, d'où s'échappe un hymne de deuil, c'est un petit immeuble banal, anonyme, sur le boulevard de la Liberté, le bien-nommé. Au premier étage, une fois franchie l'antichambre, que le maître des lieux, souvent assailli, compare à la salle d'attente d'un cabinet médical, on découvre le refuge du patron de presse affairé qu'est devenu, au fil des ans, Pius Njawé, le plus célèbre — et le plus honoré — des journalistes d'Afrique noire.

Le décor est à l'image de l'homme, chaleureux et surchargé. Il faut s'attarder un peu dans ce bureau, à la fois vibrant et austère, pour mieux comprendre le sens d'un combat et d'une vie qui ont fait de Pius Njawé, à trente-huit ans, le plus connu des Camerounais à l'étranger, avec le footballeur Roger Milla, autre « lion indomptable ».

Sur les murs, s'interpellent citations et aphorismes : « Age et mensonge auront raison de la jeunesse et de la compétence. » « Mon Dieu, permets-moi de démontrer que l'argent ne corrompt pas. » La fameuse incantation de Martin Luther King : « I have a dream... » côtoie l'espièglerie africaine : « Si, au réveil, t'as l'impression d'avoir fait la fête toute la nuit, sois-en reconnaissant ! » Le regard glisse d'une image à l'autre. Ici, Pius Njawé, tout sourire, discute avec Nelson Mandela, qu'il a rencontré trois fois. Là — c'était à Berlin en mai 1993 —, il reçoit la Plume d'or de la liberté de la presse, que décerne chaque année la Fédération internationale des éditeurs de journaux. Plus loin, il pose gravement, en boubou traditionnel.

Sur une table basse, quelques classeurs contiennent des centaines d'autres photos qui racontent l'histoire de cet homme placide et courageux, énergique et patient, doux et inflexible. Une force de la nature, qui dort peu et se lève bien avant l'aube pour travailler au calme. Un incorruptible, sans haine ni regret, « père en journalisme » de toute une génération aujourd'hui émancipée. Un idéaliste, aguerri par quinze ans de lutte à la tête d'un journal survivant, *Le Messager*.

Lorsque Pius Njawé voit le jour, le 4 mars 1957 à Babouantou, au cœur du pays bamiléké, la guerre civile y fait rage. L'insurrection déclenchée en mai 1955 par l'Union des populations du Cameroun (UPC) et la riposte de l'armée française mettent la région à feu et à sang. Il a deux ans à peine quand des incendiaires venus d'un village rival brûlent la concession familiale. Le jeune Pius vit alors son premier exode, prélude d'une scolarité troublée. Il a neuf ans quand son père meurt en « exil intérieur ». C'est en hommage à ce vieil homme, ancien transporteur de missives dans l'armée allemande — à l'époque du protectorat — et à qui l'on attribue quelque trente-cinq femmes et des centaines d'enfants, que Pius Njawé, bien plus tard, baptisera son journal *Le Messager*.

Ballotté d'un collège à l'autre, au gré des hospitalités parentales, brillamment entré en sixième, Pius devra quitter l'école en classe de quatrième, version cours du soir. Le certificat d'études primaires restera son seul diplôme. Il sera, désormais, autodidacte. Il travaille, pendant quelques mois, dans un garage de Bafoussam. Mais, lecteur avide, il a la tête ailleurs et passe bientôt ses journées dans une librairie dont le patron, Timothée Nzargap, le prend en affection et en fait l'un des vendeurs à la criée de son journal, *L'Écho des sports*. C'est son premier contact avec la presse. Autre circonstance heureuse, un enseignant, Bernard Ngameni, à qui Pius avait montré une petite pièce de théâtre qu'il venait d'écrire, l'encourage et lui vient en aide.

A quinze ans, à Yaoundé, il fait la rencontre — décisive — de l'écrivain René Philombe, qu'il admire déjà et tient aujourd'hui pour son père spirituel. Ce dernier recrute

PANCHO

le jeune homme comme garçon de course dans son nouveau journal *Semences africaines*, interdit après quatre mois par le régime du président Ahidjo, qui le juge trop à gauche. Période cruciale où Pius s'accoutume à l'écriture, avec l'aide du romancier marxiste qui le parraine. Le maître et son protégé, qui fera sa fierté, resteront amis. Redevenu vendeur à la criée, Pius rejoint Douala où il fréquente assidûment la bibliothèque du centre culturel français.

Ses vrais débuts en journalisme, Njawé les accomplit à partir d'août 1974, dans les colonnes de *La Gazette*, un hebdomadaire nouveau-né, où on l'emploie comme « localier » bénévole. Il écume Douala, le plus souvent à pied, à la recherche du fait divers. L'influence d'un expert belge et cette exigence de justice qui l'a souvent poussé depuis l'enfance à la révolte attisent son intérêt pour les questions sociales. Très vite, ses reportages lui font un nom. En 1976, la rubrique africaine du journal français *Le Monde* reproduit des extraits d'une longue enquête de Pius sur les « lucioles de la nuit », les prostituées de Douala. Cela lui rapporte une coquette augmentation d'un salaire, il est vrai, fort modeste.

Un article où il dénonce, sous le pseudonyme de « H Le Rouquin », la lâcheté d'un entrepreneur dans une sordide affaire d'accident du travail lui vaut son premier procès — qu'il gagnera — et sa première tentative de corruption, qu'il repousse avec mépris, au grand dam de son patron, qui n'est pas loin de lui reprocher sa probité. C'est, à ses yeux, un affront qui le détache moralement de *La Gazette*, où il devient pourtant chef des informations intérieures. En même temps, il collabore à *Douala Express*, un nouveau quotidien, à la parution bientôt épisodique, où il signe une chronique politique et sociale intitulée « Le bloc-notes du babillard ».

Depuis quelque temps déjà, une idée lui trotte en tête : fonder son propre journal. Ce sera un bimensuel — du moins en théorie — à vocation régionale, installé à Bafoussam. Il persuade trois confrères de consacrer un peu de temps à cette aventure, dans laquelle il engloutit tout son pécule — 400 000 F CFA —, fruit des piges accumulées comme correspondant d'un groupe de presse français spécialisé sur l'Afrique. Le premier numéro du *Messager* paraît le 17 novembre 1979. Une naissance douloureuse, car, à la dernière minute, l'imprimeur, revenant sur sa promesse, a refusé de participer au capital, obligeant Pius à lui signer en pleine nuit une reconnaissance de dette. Quelques heures plus tard, une « Coccinelle » Volkswagen décharge les paquets de journaux au domicile du jeune couple d'enseignants de Bafoussam qui avait accueilli Pius et son collaborateur Édouard Kingué. A vingt-deux ans, Njawé devient le plus jeune propriétaire de presse du Cameroun.

Le Messager des débuts repose presque entièrement sur ses seules épaules. Il y fait tout. Il recherche l'information, écrit, tape et met en page les articles, surveille l'impression, distribue le journal et recouvre les recettes. Au prix de nombreuses nuits blanches traversées, se souvient l'un de ses confrères, au rythme des omelettes ou des tasses de café. Quand l'argent manque, la parution se fait attendre, le temps pour Pius d'engranger, à coup de piges, quelques économies.

D'emblée, *Le Messager* montre sa différence. Il n'est pas question, bien sûr, de fustiger le régime autoritaire d'Ahmadou Ahidjo, pour qui la moindre égratignure est lèse-majesté. Le journal se cantonne dans les faits de société, qu'il rapporte sans commentaire, mais, rompant avec la flagornerie ambiante, il s'abrite derrière les discours présidentiels pour constater... qu'ils n'entrent guère dans les faits. C'en est trop pour certains dignitaires, qui ont déjà *Le Messager* dans leur collimateur. Dès février 1980, le journal est écarté de la couverture du congrès du parti unique qui se tient pourtant à Bafoussam. Qu'importe, les reporters feront quand même leur travail.

Une première saisie frappe *Le Messager* en 1981, parce qu'il a critiqué les conditions du rapatriement des travailleurs camerounais expulsés du Gabon. En novembre, le journal est suspendu, après vingt-deux numéros. En mai 1982, le n° 23 célèbre pourtant — en format magazine — le dixième anniversaire de la proclamation de l'État unitaire. Neuf mois s'écouleront avant la reparution du

Messager, qui vient d'emménager à Douala. En s'installant dans la capitale économique, Pius espère élargir son lectorat et accroître ses recettes publicitaires, même s'il doit composer les articles en douce à Yaoundé, dans les locaux de l'école de journalisme.

Entre-temps, un événement majeur s'est produit au Cameroun, qui redonne confiance à Njawé : la démission, le 4 novembre 1982, du président Ahidjo, un Peul du Nord, qui cède la place à Paul Biya, un Béti du Sud, Premier ministre depuis 1975. A l'instar de la majorité des Camerounais, *Le Messager* soutient sans barguigner le nouveau président, notamment dans sa volonté de secouer la tutelle de l'ancien chef de l'État, resté patron du parti unique. Le journal se renforce avec l'arrivée de deux professionnels confirmés, Kamodja Le Prince et Jean-Baptiste Sipa, le meilleur journaliste sportif du pays, dont un « papier » politique, inspiré par Pius et titré « Qui gouverne au Cameroun ? » fera bientôt grand bruit. L'article circule sous les chemises des spectateurs un samedi après-midi de fête, sur les gradins du stade de Yaoundé, lors d'un match international de football auquel assiste plus d'un ministre.

Dans cet article, *Le Messager* se range du côté de Paul Biya, face aux intrigues d'arrière-garde de son prédécesseur. Il se fait néanmoins de solides ennemis qui, en vertu d'une loi rétroactive, obtiennent l'interdiction de la plupart des journaux indépendants. *Le Messager* ne reparaît que six mois plus tard, le 23 février 1984, à l'instigation discrète du chef de l'État. Après l'échec d'une tentative de putsch (6-8 avril 1984), Paul Biya consolide son pouvoir et rebaptise le parti unique, lors du congrès du Renouveau (mars 1985). Un renouveau dont *Le Messager* se veut, bien sûr, l'ardent avocat.

Pius Njawé s'est souvent expliqué sur cet appui au président : « Pendant des années, rappelle-t-il, nous avons ménagé Biya, afin qu'il tienne parole. Nous avons essayé de le convaincre de la justesse de son projet, au cas où il n'y aurait pas tout à fait cru lui-même. Nous l'avons aidé à nettoyer son entourage qui, pensions-nous, le tenait en otage. Et puis, le roi s'est retrouvé nu. Il a trahi son programme, ce "renouveau originel" que nous continuons, quant à nous, de défendre. »

La rupture entre le journal, devenu hebdomadaire, et le président n'intervient finalement que dans le numéro du 27 décembre 1990, sous la forme d'une lettre ouverte signée de l'économiste Célestin Monga et intitulée « La démocratie truquée ». Pendant ce même mois, le Cameroun a adopté le multipartisme, mais aussi une « loi sur la communication sociale » jugée « liberticide » par les journalistes car elle consacre, notamment, le principe de la censure préalable. *Le Messager* est aussitôt saisi, Monga et Njawé sont interpellés, inculpés pour « outrage au président de la République », puis condamnés le 18 janvier 1991 à six mois de prison avec sursis et 300 000 F CFA[1] d'amende.

Dans le passé, *Le Messager* a déjà eu maille à partir avec la justice. En 1986, Pius croupit deux semaines en prison à Bafoussam, accusé à tort d'avoir diffamé le Racing, le club de football de cette ville. Inversant les rôles, il a, un an plus tôt, intenté pour le principe, devant la Cour suprême, une action contre l'État, après plusieurs saisies jugées abusives, tel gouverneur mécontent ou tel policier zélé ayant jugé bon d'empêcher la vente du journal pourtant dûment autorisé par la censure. Sans surprise, Njawé sera débouté. Mais cette fois, les choses sont plus graves. Entre le journal et le pouvoir, l'heure est au choc frontal. *Le Messager* va vivre ses plus dures épreuves.

Quelques nuits après le verdict contre Monga et Njawé, l'ordinateur central du *Messager* disparaît lors d'un cambriolage. Un méfait identique avait eu lieu en mai 1988, et l'éditorial de Pius avait alors paru à la « une » du journal... écrit à la main. Coupes claires de la censure, saisies, interpellations, passages à tabac de journalistes ou d'employés. Des mois durant, l'épreuve de force se durcit. Le 20 août 1991, *Le Messager* est interdit. Quatre autres journaux indépendants subissent le même sort.

Le 4 septembre, lors d'une marche pacifique de protestation à Douala, Pius doit la vie sauve à un colonel qui

1. 1 F CFA vaut alors 0,02 FF.

intervient au moment où un militaire s'apprêtait à l'abattre à bout portant. Rusant avec la loi, les journaux interdits réapparaissent après avoir légèrement modifié leur nom. *Le Messager* est devenu *La Messagère*. Nouvelle interdiction. Il sera absent des kiosques pendant cinq mois.

En 1992, c'est l'escalade. Entre le régime et la presse indépendante, la guérilla est quasi permanente. Le gouverneur de Douala promet à Njawé d'« écraser par tous les moyens... vos feuilles de chou ». Au cœur de l'été, six titres indépendants suspendent leur parution pour publier un journal commun. Selon le bon vieux principe de la tontine, une forme d'épargne collective très prisée dans cette région d'Afrique, le produit des ventes profitera à un autre hebdomadaire, *Galaxie*, qui pourra ainsi se tirer d'affaire.

Le 11 octobre, Paul Biya remporte de justesse, dans des conditions contestées, l'élection présidentielle devant le candidat de l'opposition John Fru Ndi. Le régime se cabre. Le commandant de la brigade antigang menace d'incendier les domiciles de plusieurs directeurs de publication. Après avoir mis sa famille à l'abri, et échappé de justesse à une tentative d'enlèvement, Pius quitte le Cameroun le 1er novembre. Dissimulé dans un grand boubou, il gagne Yaoundé par la route, occupe le compartiment entier d'un wagon-lit jusqu'à Ngaoundéré, reprend la route vers Maroua, avant de franchir la frontière nigériane, en « arrosant » généreusement les douaniers. Le lendemain, à l'aube, la police saccage les locaux des journaux de Douala.

Commencent trois mois et demi d'exil. A l'invitation de Reporters sans frontières, dont il est le représentant pour l'Afrique, Pius séjourne en Europe. Surtout, à Cotonou, avec l'aide d'un journal béninois, *La Gazette du Golfe*, il assure la sortie clandestine de *La Messagère*. Déjà, lors des premiers mois de sa suspension, la presse camerounaise avait été imprimée en cachette au Nigéria, jusqu'au jour où la police accueillit, sur la plage, les pirogues remplies de journaux interdits. Le Bénin prendra le relais. Grâce à quelques passagers complaisants de la Cameroon Airlines — qui transportent les films — et aux instructions reçues par fax, Pius garde son journal en vie.

Le 8 janvier 1993, dans un long entretien à *La Messagère*, il annonce que nul ne saurait le contraindre à un « exil forcé ». Le 13 février, il sort du « maquis » et rentre au pays. Épisode rocambolesque : craignant des mouvements de foule, les autorités ordonnent à l'équipage de l'avion camerounais de « sauter » l'escale de Malabo (Guinée-Équatoriale) pour atterrir à Douala avec deux heures d'avance. Peine perdue : Pius recevra tout de même, avec un léger retard, un accueil triomphal. Quant aux passagers lésés par cette décision intempestive, ils passeront une journée à Douala aux frais de la compagnie...

En mars 1993, Njawé créée l'Organisation camerounaise pour la liberté de la presse (OCALIP). Mais il n'est évidemment pas au bout de ses peines. Au soir du 12 mai, il est enlevé, en compagnie de son chauffeur et d'un confrère, par des individus en civil armés, identifiés plus tard comme agents de la « brigade spéciale » de la police judiciaire de Douala. Les trois hommes échoueront en slip dans une cellule, comme de vulgaires criminels, avant d'être interrogés, puis libérés.

Pius acquerra plus tard la certitude qu'il devait, ce jour-là, être assassiné, son meurtre étant ensuite maquillé en accident. Heureusement pour lui, un gardien, témoin de l'enlèvement, prévient aussitôt son épouse, qui alerte à son tour le réseau des amis en Europe. Dès la fin de soirée, l'information est diffusée sur les ondes de RFI et, tôt le lendemain matin, Federico Mayor, le patron de l'Unesco, intervient au téléphone en faveur de Njawé. A-t-on voulu se débarrasser de Pius avant qu'il ne reçoive sa Plume d'or, douze jours plus tard, à Berlin ? La cérémonie aura bien lieu comme prévu, mais la presse camerounaise officielle n'en soufflera mot.

Rien ne réconforte plus Njawé que les témoignages de solidarité à son égard, surtout quand ils émanent du petit peuple. Lorsque la police s'avisait de « boucler » sa maison dans le quartier de New Deido où il habita longtemps, les enfants étaient prompts à encercler à leur tour les hommes en uniforme : « Je jouissais, dit-il, d'une protection inestimable. » Un matin de rafle où l'on avait parqué tout le monde dans la cour d'une école et où le chef de la police, en une allusion transparente à la personne de Njawé, discourait sur le besoin de « nettoyer » le quartier de ses « mauvais éléments », tous les voisins, solidaires, lançaient à l'adresse de Pius : « Ne réponds pas, Prési ! Garde ton calme, Prési ! Comme d'habitude ! » « Prési », car Pius est le « président » du club de football *Le Messager*, que son journal parraine.

« Quand ça allait mal, on priait pour moi ! » Il se rappelle avec émotion le jour où, en un geste de gratitude, les vieux d'un village le massèrent des pieds à la tête, selon une coutume bamiléké, et le bénirent d'un peu de terre frottée sur la poitrine en lui disant « Tu es notre lumière. » Lettres, poèmes, objets sculptés ou portraits gravés sont autant de preuves de confiance ou d'amitié reçues au fil des ans.

A l'inverse, rien ne l'attriste plus que la « répression ordinaire » qui frappe tous ceux dont il s'estime solidaire, voire responsable : les journalistes maltraités, les petits « crieurs » à qui la police inflige « un bon café » — une bastonnade — ou dont les parents doivent s'engager par écrit à ce qu'ils cessent de vendre *Le Messager*, son frère qui a perdu son emploi, sa femme fonctionnaire privée d'avancement. Pius cite le cas d'un étudiant rencontré pendant quelques minutes à Yaoundé et auquel il avait remis sa carte de visite, à une époque où la police le filait en permanence. Il apprendra beaucoup plus tard que le jeune homme, aussitôt arrêté, paya cette brève rencontre de dix-huit mois de détention.

Aujourd'hui, l'emprise du pouvoir s'est relâchée. Certes, les procès continuent de miner l'énergie et les finances des journaux. Suspensions et saisies, au nom de l'« ordre public » ou des « bonnes mœurs », restent des armes de chantage. Loin d'être devenue « symbolique », voire « pédagogique » — comme aime l'affirmer le ministre de la Communication, Augustin Kountchou —, la censure préalable pèse comme une épée de Damoclès sur la presse indépendante.

Mais elle n'est plus aussi tatillonne. Le censeur n'officie

plus, comme naguère, sur le site même de l'imprimerie. Il a renoncé aux petites guerres d'antan, comme celle qui consistait à tenter d'empêcher la parution de pages entièrement blanches, fruit de la censure. Plus besoin, en retour, de soudoyer les policiers en faction à l'imprimerie pour qu'ils ferment les yeux sur l'écoulement des journaux interdits. *Le Messager* sort des éditions pirates sans être inquiété.

Le ton du journal est d'une virulence extrême. Les attaques personnelles contre les dirigeants — dont le chef de l'État — sont monnaie courante. La moindre chronique dénonce le « fascisme rampant » ou qualifie tel ministre — dûment nommé — d'« étrangleur de service ». Emmenés par Nyemb Popoli — vingt-huit ans —, les quatre jeunes dessinateurs du *Messager Popoli*, l'hebdomadaire satirique presque uniquement illustré, lancé en mai 1993, pratiquent, eux aussi, allégrement l'irrespect, fidèles à leur devise : « Rira bien qui lira le premier. » Le surplus de raillerie répond souvent, il est vrai, à l'ampleur des scandales. Et puis, à force d'être censuré, on verse dans la démesure, pour sauver l'essentiel.

« Comme rien ne change, nous crions de plus en plus fort pour nous faire entendre, observe Séverin Tchounkeu, directeur de *La Nouvelle Expression*, autre journal indépendant. On veut nous avoir à l'usure. » Tout se passe en effet comme si le régime tablait sur la lassitude des lecteurs, découragés d'entendre la presse hurler dans le désert. L'immobilisme gouvernemental, l'impunité dont jouissent les dirigeants, le flou ou le non-respect du calendrier politique nourrissent un sentiment d'impuissance citoyenne dont souffrent les journaux.

La presse a aussi gravement pâti de la chute du pouvoir d'achat des Camerounais, frappés par d'énormes baisses de salaires dans la fonction publique en 1993, puis par la dévaluation du franc CFA en 1994. A cela s'ajoute la hausse des cours du papier journal qui a contraint *Le Messager* à augmenter son prix de vente (de 200 à 300 F CFA). Rien d'étonnant que le tirage de ce dernier ait fondu, passant de 100 000 exemplaires en 1990-1991, époque où il était le plus grand journal de l'Afrique noire francophone, à moins de 10 000 aujourd'hui (dont seulement une centaine d'abonnés). Une hémorragie qu'aggrave la lecture frauduleuse organisée — ou tolérée — par les vendeurs. Pour limiter la « location » des feuilles ou la photocopie de certains articles, tous les journaux sont désormais agrafés. *Le Messager*, qui était devenu bihebdomadaire, a dû renoncer, en février, à son édition du jeudi, après avoir déjà mis fin, l'an dernier, à son supplément en langue anglaise et à celui destiné aux jeunes.

Au Cameroun, comme ailleurs, la bataille pour la survie d'une presse indépendante est devenue d'abord économique. Les obstacles à franchir sont innombrables : l'absence d'investisseurs dans ce domaine peu rentable à court terme, le refus des annonceurs du secteur public de financer des organes hostiles au régime, la braderie des tarifs publicitaires, l'inexistence d'une aide de l'État pourtant promise de longue date, l'encouragement à la création de journaux plus dociles. Dans ce contexte difficile, *Le Messager* a cruellement besoin d'argent. Mais l'ardente obligation de protéger sa liberté éditoriale l'oblige à s'autofinancer, au risque de « misérer ».

La bataille est aussi d'ordre professionnel. Une authentique liberté de la presse se juge autant à la qualité des journaux qu'à leur multitude dans les kiosques. Il faut donc mieux former les journalistes, leur apprendre rigueur et responsabilité, les conduire à distinguer l'information de l'invective, la critique de la diffamation. Tous ces nouveaux combats, Pius Njawé aimerait les mener bientôt à la tête d'un quotidien indépendant, absent au Cameroun, et dont il caresse le « projet fou ». Cela ne l'empêcherait pas de rester un « empêcheur de tricher en paix ». Comme le rappelait un lecteur, dans un poème à la gloire du *Messager*, « ce canard est vandale, il donne des insomnies à la cour royale ».

Jean-Pierre LANGELLIER

CHINE

Wang Juntao

Fédérateur de l'opposition en exil

« Un système démocratique pourrait être décrété en quelques jours en Chine par la voie constitutionnelle, mais pour créer une véritable culture démocratique il faudra beaucoup plus de temps. Si vous voulez faire évoluer trois mille ans d'histoire qui pèsent sur vous, il est très difficile de choisir ce qu'il faut conserver et évacuer. Aujourd'hui, en Chine, tout le monde essaye de trouver le nouveau modèle qui harmonisera sereinement le développement économique déjà en marche avec une évolution politique indispensable à la stabilité du pays. Ce modèle reste encore à inventer. » Derrière un sourire angélique et d'une voix calme, Wang Juntao pose en quelques mots clairs le dilemme majeur auquel doit répondre la Chine d'aujourd'hui. Loin de sa terre natale depuis un an, celui qui a coutume de dire que les exilés chinois de ces dernières années ont généralement « gagné le ciel mais perdu de vue leur patrie » n'a pas coupé avec ses racines et ses repères. A trente-six ans, Wang Juntao fait preuve d'une rare maturité politique et humaine qui impose le plus grand respect au sein de la communauté chinoise en exil aux États-Unis. Encore trop jeune pour avoir acquis le titre de « sage », cet intellectuel, écrivain, journaliste, à la plume trempée dans le vitriol, s'est forgé au fil des ans une stature de « penseur » aux idées novatrices et dynamiques.

C'est à cause d'elles et pour elles qu'il a fait de la prison dès l'âge de dix-sept ans après avoir lancé en 1978 le journal *Printemps de Pékin*, publication clandestine qui faisait référence dans les milieux dissidents de l'époque. Mais c'est aussi au titre de rédacteur en chef de l'*Hebdomadaire économique* créé dix ans après, en mars 1988, à Pékin, et interdit de publication en juin 1989, qu'il s'est retrouvé condamné à treize ans de prison le 12 février 1991.

« Sa tête bouillonne de mille idées et projets, raconte son épouse Hou Xiaotian dans son petit appartement au sud de Washington. Il ne prend jamais le temps de souffler et même s'il donne l'impression d'être dans les nuages, paisible et serein, détrompez-vous, il prépare déjà un nouveau document ou un nouveau projet. » Son attaché-case noir regorge de dossiers et de lettres officielles destinées à des membres influents du Congrès américain, sénateurs ou députés, groupes religieux ou responsables industriels. Aussitôt libéré de prison, Wang Juntao est arrivé aux États-Unis au mois de mai 1994, au terme de longues tractations diplomatiques entre Washington et Pékin, et sous les fortes pressions exercées par de grandes organisations humanitaires. Et il n'a pas perdu de temps. A peine sorti des prisons chinoises où il venait de passer plus de quatre ans et demi complètement isolé, ce symbole de la dissidence saura ne pas se brûler les ailes au soleil de la gloire. Contrairement aux autres « héros de la place Tian An Men » qui ont réussi à fuir au lendemain du massacre des étudiants le 4 juin 1989, Juntao s'est fait prendre au terme d'une longue cavale. Il a encore une fois goûté aux effluves nauséabonds des geôles de son pays. Il a pu se cacher aux quatre coins de la Chine pour échapper à la police qui le recherchait activement. Son épopée avec le camarade Chen Ziming aura duré quelques mois, entre Harbin dans le grand Nord, Shanghai, qu'il doit fuir très vite, Wuhan, au centre de ce pays-continent et les petits villages de paysans où ils trouvent refuge. Mais l'étau se resserre et ceux que les autorités chinoises ont qualifié de « mains noires » du mouvement de protestation étudiante sont arrêtés le 20 octobre 1989.

Car Juntao n'est pas n'importe quel « petit fauteur de troubles » ni un inconnu de la Sécurité chinoise : « Cet homme doit être sévèrement puni », s'est emporté le Premier ministre Li Peng lors d'une session spéciale des hauts

cadres du parti en 1989 à Pékin. « Nous devons être sans merci vis-à-vis de cet homme et il ne doit pas revenir sur la scène politique du pays avant longtemps. C'est un vétéran de quatre grands mouvements de protestation et lui montrer de la clémence serait laisser échapper un tigre dans les montagnes juste après l'avoir capturé. » Avec Chen Ziming, Wang Juntao est condamné à treize ans de prison, pour « conspiration contre le gouvernement », la plus lourde peine de prison infligée à des responsables du soulèvement du printemps 1989...

Au cœur d'une Chine qui s'ouvrait toujours de plus en plus sur l'extérieur, Wang Juntao avait trouvé dans les colonnes de l'*Hebdomadaire économique* un espace de liberté d'expression unique en Chine. Chaque semaine, il aborde un thème capital pour l'avenir de son pays, développant aussi bien « Les conditions politiques de la modernisation » que « La crise alimentaire », en passant par « Un nouveau départ pour la théorie économique ». Dix ans après le retour triomphal de Deng Xiaoping au pouvoir, la Chine commençait déjà à ressentir les contradictions d'une réforme économique sans réformes politiques... Des intellectuels-journalistes-écrivains comme Juntao commençaient à souligner les défis de ce nouveau développement chinois. Mais ces idées de « modernisation », de « réformes » ou d'« équilibre » menaçaient trop ouvertement les vieux caciques issus de la Longue Marche et de la création de la République populaire de Chine. Déjà, au milieu des années quatre-vingt, la corruption et les inégalités faisaient grogner la base. La révolte originelle des étudiants était d'ailleurs motivée par ce favoritisme à l'égard des membres du Parti de plus en plus corrompus qui n'acceptaient toujours pas la moindre remise en cause du système politique.

Pour avoir tenté de canaliser les forces étudiantes et ouvrières en juin 1989 pour créer un contexte constructif et éviter le massacre, Juntao comme son grand ami Ziming ont été condamnés avec, derrière eux, un lourd dossier. Adjointe de Juntao à la rédaction de l'*Hebdomadaire économique*, une autre journaliste, Gao Yu, a été arrêtée le 3 juin 1989, quelques heures avant le massacre des étudiants. Libérée un an après, elle s'est retrouvée sans travail, écrivant occasionnellement pour des magazines de Hong Kong. De nouveau arrêtée en octobre 1993 à son domicile par des agents de la sécurité chinoise, Gao Yu a été condamnée en novembre 1994 à six ans de prison pour « divulgation de secrets d'État à des personnes se trouvant hors des frontières nationales ». Défendue par de nombreuses organisations internationales des droits de l'homme, Gao Yu n'a jamais pu bénéficier d'un procès équitable ou même d'un avocat qui puisse avoir accès au dossier pour prendre connaissance des éléments d'accusation. Au moment où se joue en Chine la succession politique de Deng Xiaoping, les chances d'une libération anticipée semblent assez minces. Juntao a eu plus de chance, même si son épreuve a duré près de quatre ans. « Je n'ai confessé aucun crime devant mes juges, raconte aujourd'hui Wang Juntao, et j'ai même eu un certain sentiment de fierté quand j'ai écrit au juge que j'étais fier de recevoir cette peine qui m'honorait mais que lui s'était déshonoré. » Il allait commencer par passer cinq mois dans une petite cellule de 3 mètres carrés infestée d'insectes rampants, atteint d'une hépatite contractée depuis plusieurs mois à cause d'une nourriture déplorable. Sans jouer au héros, Juntao ne manquera jamais de provoquer ses gardiens, les menaçant de faire parler d'eux à l'extérieur si ses conditions de vie ne s'amélioraient pas. « Un soir, ils sont venus à cinq dans ma cage, armés de matraques électriques, de cordes et de menottes. Ils m'ont ordonné de m'agenouiller par terre, mais j'ai refusé. Ils m'ont alors attaché avec deux paires de menottes et m'ont emmené dans une autre cage encore plus petite et infecte. »

Jamais Juntao ne cédera et il engagera sa première grève de la faim : « J'étais prêt à mourir car je savais qu'aucun prisonnier n'avait jamais eu gain de cause en faisant une grève de la faim. Même le président Liu Shaoqi n'avait pas réussi à faire fléchir les autorités pendant son emprisonnement durant la Révolution culturelle... » Cela dit, les choses en Chine avaient évolué depuis les années soixante et le « cas Juntao » avait déjà fait le tour du monde, les ambassades chinoises à l'étranger recevant des milliers de lettres de protestation contre les mauvais traitements infligés à Wang Juntao et Chen Ziming.

Ses gardiens l'emmènent alors dans un hôpital, mais il se rend compte qu'il va être berné et transporté dans un hôpital psychiatrique qui n'était pas équipé pour soigner les hépatites. Juntao se remet en grève de la faim, toujours aussi déterminé, « soutenu par la visite mensuelle d'une demi-heure des membres de sa famille ». Au cours de cette longue et douloureuse épreuve qui aura duré près de quatre ans et demi, une personne se sera engagée corps et âme pour qu'il ne tombe pas dans les oubliettes : sa femme Hou Xiaotian. Elle alertera la presse étrangère de Pékin à chaque fois que son mari est menacé. Arrêtée quatre fois durant cette période, elle passera cinq mois en prison avant d'avoir l'autorisation de quitter le pays en 1993. Mais une fois à l'étranger, elle continue à se battre, « harcèle » les chancelleries, donne des interviews en Europe et aux États-Unis avec un seul objectif : la libération de son mari.

Maintenant réunis aux États-Unis, ils peuvent un peu reprendre leur souffle en regardant le chemin parcouru. Si Juntao devient peu à peu le visage de la dissidence chinoise pour les observateurs à l'étranger, il est loin d'être un inconnu dans son pays : « En 1976, j'étais déjà convaincu que Mao avait tort dans sa façon de gérer le pays et j'ai voulu l'exprimer publiquement en rejoignant, avec 80 élèves de mon école, les manifestations d'avril 1976, après la mort de Zhou Enlaï, sur la place Tian An Men. » La mort imminente du Grand Timonier rend tout le monde très nerveux et le père de Juntao, officier supérieur de l'Armée populaire de libération, ne peut rien faire pour empêcher l'arrestation de son fils au cours de cette manifestation. « J'ai fait sept mois de prison en pleine guerre de succession de Mao et c'est là que j'ai vraiment pris conscience de ma volonté à lutter pour l'émergence de la démocratie en Chine. » Si Juntao est déjà précoce pour son âge et manipule les concepts de démocratie ou de liberté d'expression avec autant d'aisance, il le doit en grande partie à un environnement familial très privilégié au sein de la hiérarchie communiste. Bien que très pudique sur son père, Juntao reconnaît qu'il faisait partie des enfants de cadres qui avaient accès à toutes les informations sur l'étranger, interdites à la majorité des Chinois. Juntao se lance à l'assaut de la bibliothèque de son père, professeur à l'Académie militaire de Pékin, la plus haute institution de la défense nationale chinoise. Il dévore tous les livres qu'il trouve, insatiable, jusqu'à l'aube. Durant de longues réunions organisées chez lui avec les collègues de son père, le petit Juntao laisse traîner ses oreilles. Ces discussions entre adultes alimentent sa conscience politique et aiguisent sa curiosité. Il comprend déjà comment fonctionne le système politique chinois avec ses intrigues, ses secrets, ses complots, ses hypocrisies, ses sacrifices et ses injustices. « Mon père voulait que j'étudie la technologie pour être ingénieur, mais ce qui m'intéressait, c'était l'histoire ancienne de mon pays. Il aurait pu me faire entrer dans l'armée, ce qui représentait à l'époque un avenir glorieux tout tracé, mais j'ai refusé net, à son grand désespoir. »

Conscient de l'atmosphère douillette et sécurisante de sa famille, Juntao profite de la réorganisation politique et universitaire de la fin des années soixante-dix en Chine pour aller à la « rencontre des paysans chinois ». Une façon de suivre les traces des grands leaders de la Longue Marche comme Mao ou Deng, qui avaient pris le pouvoir en 1949, en rassemblant les paysans derrière eux. « J'avais le sentiment de manquer de connaissance sur mon pays. J'ai voulu devenir un paysan pendant quelques mois afin de mieux les comprendre. Après tout, ils représentent encore aujourd'hui plus des deux tiers de la population chinoise... » On n'en saura pas plus, mais on a l'impression qu'il a vécu cette « sortie » comme un voyage initiatique après avoir vécu les écoles d'enfants de cadres, la révolte et la prison, dans une période déjà troublée. « J'ai vraiment compris à ce moment-là pourquoi une minorité toute-puissante pouvait réprimer des millions de gens qui voulaient se battre contre l'oppression : ce n'était pas tant à cause de Mao ou de la bande des Quatre, mais à cause d'un système politique dictatorial. »

Dès lors, à l'université de Pékin où il est reçu facilement sur concours, Juntao se lance dans un activisme forcené et est élu à la présidence de la Jeunesse communiste de sa faculté. Brillant élève, son avenir aurait pu être assuré au sein des organisations communistes, mais il refuse d'être subordonné au Parti communiste chinois. Autodidacte, travailleur acharné, organisateur-né, Juntao lance en 1978, avec d'anciens camarades de 1976, un magazine mensuel indépendant, *Le Printemps de Pékin*, associé de très près au mouvement du « Mur de la démocratie » surgi au lendemain du retour de Deng Xiaoping au pouvoir. Ce dernier donnera l'illusion d'une ouverture démocratique au début de son règne, mais réprimera certains responsables comme Wei Jingsheng, le premier à lancer le concept de « démocratie », indispensable à toute modernisation du pays. Il a été condamné à quinze ans de prison. Libéré en 1993, il est à nouveau en résidence surveillée ou en prison. On reste sans nouvelles de lui depuis avril 1994.

Dans cette effervescence générale, Juntao rassemble dans son université des dizaines d'étudiants qui débattent, organise des groupes de discussions et les premières élections pour les délégués au Congrès du peuple local. Il propose même de nouvelles lois au Parlement, notamment sur la presse et l'édition. Ce leader très contestataire ne plaît pas à tout le monde au sein de l'université et manque de se faire renvoyer. Il se calme et se replonge dans ses études politiques en s'inspirant des grands théoriciens occidentaux. Sa rencontre avec Chen Ziming, de plusieurs années son aîné, à la fin des années soixante-dix, va encore renforcer ses convictions idéologiques et l'organisation de plusieurs réseaux d'intellectuels en grande partie issus de l'élite, la seule à pouvoir accéder à l'information. Leur association donnera naissance, en 1986, au premier groupe d'intellectuels complètement indépendant du pouvoir : l'Institut de recherches en sciences économiques et sociales. En essayant de canaliser et d'unifier toutes les forces civiles en présence au moment des grandes manifestations de mai et juin 1989, Wang Juntao a peut-être le sentiment que son heure est arrivée et que le gouvernement est enfin prêt à dialoguer pour une ouverture politique. Mais le massacre des étudiants lui fera comprendre que la Chine n'est pas encore mûre pour négocier un virage mental aussi brutal.

« Aux États-Unis, le gouvernement chinois ne peut pas contrôler ce que je fais, dit-il, et comme il a fermé mon Institut à Pékin, j'essaye de le remettre sur pied ici. » Entre les appels téléphoniques des journalistes du monde entier à qui il répond avec patience et clarté, ses rendez-vous officiels au Congrès, ses conférences au Canada ou sur la côte ouest des États-Unis, Juntao reste en contact permanent avec la Chine. Le China Institute, qu'il a créé deux mois après avoir atterri en Amérique, veut être l'expression concrète de son engagement et le lieu de rassemblement de toute la dissidence en exil. Juntao sait parfaitement que la tâche d'unifier l'« opposition » chinoise à l'étranger constitue un défi presque insurmontable. Déchirée entre différentes tendances et issue de milieux différents, cette dissidence un peu souffrante et au bord de l'asphyxie ne pouvait que conforter les autorités de Pékin, trop contentes de se débarrasser de gêneurs qui mettent en péril la stabilité du pays. A l'étranger, loin de chez eux et coupés de leurs racines, ils deviendraient inoffensifs. Trop conscient de cette logique, Wang Juntao s'est donné pour première tâche de fédérer tout le monde : « Il y a eu trop de haine et d'incompréhension entre ceux qui sont arrivés avant moi ici, raconte Juntao dans son modeste bureau mis gratuitement à sa disposition par un avocat américain. Ils ne se sont pas fait confiance les uns les autres, ont gaspillé leur énergie à trouver de l'argent, mais sans avoir de projet solide. Ils ont cru qu'il suffisait de créer un groupe pour devenir des activistes, mais il leur manque une direction, une colonne vertébrale : c'est ce que je peux leur apporter. » Wang Juntao ne joue pas la modestie, mais fort de son expérience dans les prisons, sa constance et sa défiance permanente à l'égard d'un système lui confèrent une indéniable autorité que peu d'autres peuvent mettre en avant.

La Chine de 1995 n'est déjà plus la même que celle de 1989... et encore moins que celle des années soixante, complètement isolée du monde entier. Juntao a su prendre le train de la communication planétaire en marche : télécopies, téléphones, satellites et système Internet mettent la Chine en liaison directe avec le reste du monde. Il n'y a pas un jour où Juntao ne communique pas en direct avec son ami Chen Ziming, Wang Dan ou ses anciens collègues du journal *Economic Weekly* à Pékin. Là est la force de Juntao qui sait entretenir tous ses réseaux dans de multiples milieux : universités, hôpitaux, armée, hommes d'affaires, responsables politiques locaux... Il est convaincu que dans tous les secteurs de la société chinoise bouillonne une sensibilité en accord avec la sienne.

Tout l'art de Wang Juntao est de ne pas critiquer ses amis dissidents à l'étranger, privilégiant le dialogue et l'union à la rivalité stérile. « Je les respecte tous et la seule chose que je leur demande est de m'aider lorsque je lance un projet ou une campagne de protestation », dit-il. Pour lui, le moment est déterminant pour faire changer les choses en Chine, « tout dépend de la stratégie ». En bon produit de la culture chinoise, communiste ou pas, Wang Juntao utilise les vieilles recettes guerrières qui ont déjà fait leurs preuves, dans l'histoire chinoise ancienne ou contemporaine : « Il faut très bien connaître son ennemi pour pouvoir le vaincre et gagner la bataille, lance Juntao en citant Mao, et notre ennemi est avant tout le système dictatorial mais pas les hommes qui, au fond d'eux-mêmes, nous respectent. Je ne pense pas que les cadres du parti soient des diables car ils sont tous vertueux. Notre travail est de les comprendre et ne pas les pousser au pire. » Une façon de dire qu'il n'envisage pas de se lancer à l'assaut du pouvoir avec sa bonne foi et ses projets : « Il faut convaincre les Chinois que le système démocratique n'est certes pas un bon système, mais qu'aucun système n'est meilleur que celui-là. »

C'est là encore que sa démarche diffère avec ce qui a été prôné jusqu'à présent. « Il faut par exemple convaincre les paysans que la démocratie les fera mieux vivre qu'aujourd'hui et leur fera gagner plus d'argent. Il faut pousser les ouvriers et les employés à critiquer la corruption et les mauvais officiels. Il ne suffit pas de crier aux droits de l'homme et à la liberté d'expression sans les appliquer à la réalité chinoise... Je crois que c'est là que les Occidentaux ne comprennent pas très bien la démarche qu'il faut adopter à l'égard de la Chine. Nous sommes d'accord sur la finalité démocratique de notre travail, mais certaines stratégies qui pourraient paraître de la compromission sont nécessaires mais mal comprises par les Occidentaux. »

Wang Juntao n'est pas un rêveur. Il sait mieux que quiconque qu'il lui faudra s'appuyer sur des hommes à l'heure actuelle au pouvoir, mais encore dans l'ombre, pour mener à bien ce processus de réforme politique. « Les membres du parti communiste ne croient plus en cette idéologie et ils recherchent d'autres voies, d'autres systèmes, d'autres issues à cette impasse dont on voit le bout de plus en plus vite. » Il reconnaît toutefois que le gouvernement chinois actuel n'est pas uni et qu'il est difficile de déterminer quelle faction risque de dominer l'autre à l'avenir. « Il faut justement maintenant créer une alternative organisée au parti communiste qui n'a guère le choix à l'avenir, ajoute Wang Juntao ; à mon avis le parti ne va pas disparaître, mais se diviser en plusieurs factions sous différents qualificatifs, mais de toute façon il va devoir s'ouvrir et accepter d'autres partis à côté de lui qui pourront rivaliser lors d'élections locales, provinciales, régionales et enfin nationales. Mais si le parti ne bouge pas et veut rester tel qu'il est, il faudra peut-être qu'il soit renversé par le peuple. » Une solution qui ne l'enchante apparemment pas car il ne veut plus voir de sang couler dans des affrontements avec la police et l'armée. « Je ne veux pas de désastre, de violence et de chaos, personne n'aurait à y gagner. »

C'est dans cette perspective que Wang Juntao travaille depuis des années. L'idée de créer son propre parti politique le séduit assez, mais il ne tient pas à précipiter les choses : « Je veux d'abord regrouper les gens qui ont la même sensibilité que moi, qui savent réfléchir sur l'avenir et qui veulent vivre dans une démocratie prospère au XXIe siècle en Chine. »

Dorian Malovic

COLOMBIE

Guillermo Cano

Reportages, drames et deuils

Au soir du 17 décembre 1986, peu après 18 h 45, Guillermo Cano, directeur et éditorialiste d'*El Espectador*, petit-fils de son fondateur, Fidel Cano, est assassiné au volant de sa voiture, quelques minutes après avoir quitté son bureau au journal.

Le meurtre de Don Guillermo, comme ainsi on le nomme avec le respect dû aux grandes familles, ouvre une période de guerre sans merci entre la presse colombienne et les narco-trafiquants des « cartels », en particulier celui — ou ceux — de Medellín dont les chefs les mieux connus s'appellent Jorge et Fabio Ochoa, Carlos Lehder, Gonzalo Rodríguez Gacha et, bien sûr, Pablo Escobar.

Elle durera jusqu'à la mort de ce dernier, le 2 décembre 1993. Elle aura coûté des dizaines de victimes, changé ou brisé la vie de dizaines d'autres et poussé aux limites extrêmes les capacités de résistance de journalistes déchirés entre la passion de leur métier et les menaces qui pesaient sur eux ou sur leurs proches.

Un journal, un quotidien, *El Espectador*, est au centre de cette histoire qu'il va payer d'un prix très cher de sang, de deuils et de destructions.

Plusieurs journalistes avaient été tués au cours des années soixante-dix et quatre-vingt. Ils n'étaient pas, de très loin, les seules ni les principales victimes de la violence endémique qui sévissait en Colombie, qu'elle soit le fait des diverses guérillas, des milices « paramilitaires », des militaires eux-mêmes ou de la police et, récemment des narcotrafiquants. Pour la seule année 1986, Amnesty International, citant des statistiques policières, estimait à quelque 14 000 les victimes de morts violentes relatives pour l'essentiel à des conflits politiques ou sociaux ou encore aux trafics de drogues illicites. Mais Guillermo Cano n'est ni tout à fait un journaliste, ni tout à fait un citoyen comme les autres.

A la tête du deuxième quotidien du pays, derrière *El Tiempo*, il incarnait à la fois la rigueur professionnelle et la conscience morale de ce métier. Amis ou concurrents le répètent encore, huit ans et demi après le meurtre. Héritier du journal fondé à Medellín en 1887 par son grand-père et développé à Bogotá par son père et son oncle, Don Guillermo était entré en journalisme comme d'autres au couvent, avec une foi exclusive et jalouse qu'il a transmise à ses collaborateurs comme à de jeunes journalistes qui l'ont à peine connu et pourtant assurent maintenant encore lui devoir tout ou presque.

A bien des égards, l'histoire des Cano, d'*El Espectador*, se confond avec l'histoire tumultueuse du pays. D'inspiration fortement libérale — quand le mot avait tout son sens face au parti conservateur et aux différents pouvoirs qui se succédèrent à Bogotá —, *El Espectador* affichera au fil des décennies une ligne démocratique et civique sans faille qui lui valut de solides ennemis dans l'État et la société. Des saisies à répétition au début, à l'emprisonnement de Don Fidel en 1893, jusqu'à l'incendie du journal en 1952, *El Espectador* a payé cher sa volonté d'indépendance et son esprit critique. Guillermo Cano ne dérogeait pas dans la lignée quand il combattait à coups d'éditoriaux l'usage systématique de la torture et les violations des droits de l'homme dans son pays.

La situation de 1986 n'était évidemment plus celle de la « guerre des Mille Jours », ni celle des années de la « Violencia », comme on nomme la guerre civile qui ravagea la Colombie durant les années cinquante. La violence n'est cependant guère moindre dans cet affrontement entre les

narco-trafiquants des puissants cartels de la cocaïne aux autorités de l'État, dont l'enjeu principal est l'application — ou non — du traité d'extradition entre la Colombie et les États-Unis signé le 14 septembre 1979. Le meurtre, en 1984, du ministre de la Justice, Rodrigo Lara Bonilla, en fut le point de départ. L'ensemble des suspects visés par l'application du traité s'unit autour d'un slogan devenu fameux : « Plutôt une tombe en Colombie qu'une cellule aux États-Unis. » Ils déclarent une « guerre totale » à l'État. Leurs opérations seront désormais signées : « *Los Extraditables* » — les « extradables ».

Magistrats, avocats, policiers, journalistes en seront les victimes désignées. L'opinion colombienne est divisée. Hostile aux « narcos », elle n'est pas pour autant unanime en faveur d'un traité qui met la Colombie sous la tutelle judiciaire du grand frère nord-américain. Mais quand finalement, en 1986, le président, Virgilio Barco, ratifie le traité, *El Espectador* titre : « Fini la fête pour les mafiosos. » Quelques jours plus tard son directeur est assassiné.

Le quotidien des Cano s'était engagé sans nuance en faveur de l'extradition des narco-trafiquants, en dépit de l'hostilité traditionnelle des milieux libéraux à l'égard de l'« impérialisme *gringo* ». Mais il n'y avait pas d'autre solution pour Don Guillermo qui l'écrivait et le répétait avec plus de fermeté à chaque fois dans ses éditoriaux. Jusqu'au dernier. La veille du 17 décembre 1986. Une foule énorme assista aux obsèques suivies par tout ce que Bogotá comptait de notables.

Larmes de crocodile, écrira le lendemain Fernando Cano, fils du défunt, dans un éditorial amer et violent pour dénoncer l'« hypocrisie » des généraux, ministres et autres sénateurs qui se bousculaient autour du cercueil, mais « n'avaient rien fait pour soutenir le combat de Don Guillermo quand il était vivant ». On ne pouvait mieux dire que ce fut aussi le combat d'un homme seul, ou presque.

En bordure d'une route à quatre voies, noyé dans une interminable banlieue industrielle de Bogotá, le bâtiment d'*El Espectador* a des allures de forteresse, avec sacs de sable, chicanes et contrôles pointilleux comme devant un siège du parti Baas à Bagdad ou à Damas. Militaires et vigiles lui assurent une protection armée jour et nuit. Une sécurité intransigeante pour une leçon chèrement payée, le 3 septembre 1989.

L'explosion avait retenti dans tout Bogotá, jusqu'aux confins montagneux qui bordent la ville, à des dizaines de kilomètres de là. Peu avant sept heures du matin, une camionnette chargée de plus de 130 kilos de dynamite avait explosé devant la façade d'*El Espectador* dont il ne resta rien. Par un hasard extraordinaire, l'attentat ne tua personne, même si quelques-uns des 80 blessés le furent grièvement. A trente minutes près, les bureaux étaient pleins et l'hécatombe assurée.

Le même jour, une série d'attentats à la bombe ravagèrent les sièges des deux grands partis ainsi que de plusieurs banques à Medellín. Dans la même ville, deux engins piégés furent désamorcés à temps devant les sièges des deux principales stations de radio. Les *Extraditables* tenaient ainsi leur promesse de « guerre totale ».

Le bras de fer entre Pablo Escobar et *El Espectador* remontait loin. Au début des années quatre-vingt, quand le nom de celui qui allait devenir « El Patrón » était à peine connu au-delà des frontières de sa province d'Antioquia, Pablo Escobar, déjà à la tête d'un business prospère, pensa non sans raison que les affaires marcheraient mieux encore s'il devenait lui-même un notable.

Comme d'autres « parrains » du trafic — la notion de cartel, plus ou moins douteuse dans la réalité, a été forgée plus tard par les services anti-drogue des États-Unis, et s'imposera dans la presse vers 1986 —, Pablo Escobar était depuis longtemps chatouillé par la politique. Membre du parti libéral, il entendait rénover la vieille formation depuis Medellín. Il s'était déjà signalé à l'attention de ses compatriotes d'Antioquia par des réalisations « sociales » et le soutien aux activités sportives. Il était populaire et riche. Les politiciens locaux le courtisaient. Un seul, Luis Carlos Galán, futur candidat libéral à la présidence, récusa publiquement son soutien. Escobar ne l'oubliera pas.

Lors des élections de 1982, il finança pour un tiers la

campagne du député local. Il en devint le suppléant et fit donc son entrée au Congrès. Rodrigo Lara, nommé peu après ministre de la Justice, l'accusa ouvertement d'avoir été mêlé à un trafic de drogue. Escobar répondit avec force qu'il n'avait jamais été jugé ni condamné, ni mêlé à des affaires illégales. Et c'est précisément *El Espectador* qui se chargea de le démentir.

Le quotidien publia, en 1983, photo à l'appui, un article retentissant sur le passé judiciaire de Pablo Escobar. On apprenait ainsi qu'il avait été arrêté et emprisonné — mais relâché ensuite — pour le transport de 39 kilos de coke dissimulés dans des pneus. A l'époque, *El Espectador*, comme d'autres journaux, avait publié la photo du suspect fournie par la police. Un délinquant parmi d'autres, et il y en avait beaucoup. Personne ne s'en souvenait. Sauf précisément Don Guillermo. Et c'est à sa demande que l'on retrouva, dans les archives photographiques du journal, le cliché compromettant.

Fabio Castillo, chef du service des enquêtes du quotidien, reconstitua l'histoire. L'article fut publié en première page, doublé d'un commentaire de Guillermo Cano.

Pablo Escobar dut quitter le Parlement. Sa carrière politique était terminée. Peu après, il s'enfonçait dans la clandestinité. On pouvait supposer qu'il n'oublierait jamais l'affront et que sa vengeance serait implacable. Guillermo Cano fut assassiné en 1986, Galán trois ans plus tard. Les policiers, magistrats et avocats susceptibles de porter témoignage de ce passé criminel subirent le même sort. Huit ans et demi ont passé, le dossier officiellement n'est pas classé, mais il ne vaut guère mieux. Les deux tueurs présumés avaient été plus ou moins identifiés grâce à leurs portraits-robots. On finira par les retrouver l'un et l'autre, à l'état de cadavres. L'obstination d'une juge d'instruction chargée de l'affaire plus celle de l'avocat des Cano, Hector Giraldo, permirent néanmoins de remonter la filière. Elle conduisait sans surprise à Pablo Escobar. Des tueurs se chargèrent de l'avocat ; quant à la juge, elle dut sous la menace prendre le chemin de l'exil. Et l'enquête s'enlisa.

Après l'assassinat de Don Guillermo, tous les médias de

Colombie s'arrêtèrent durant vingt-quatre heures. Quatre semaines plus tard, ils prirent une autre décision historique. A la fois pour protéger la vie des journalistes et montrer qu'ils ne se laissaient pas intimider par les « narco-terroristes », ils décidèrent de mettre en commun leurs travaux et de publier simultanément, sous une forme anonyme, autant les informations que les enquêtes réalisées par leurs rédactions respectives. L'idée originale était celle de Enrique Santos Calderón, rédacteur en chef d'*El Tiempo*, le premier quotidien de Colombie. Les Santos sont au *Tiempo* ce que les Cano sont à *El Espectador*. Héritier d'une longue lignée, Enrique avait flirté dans sa jeunesse avec les groupes gauchisants de Colombie. Il avait participé, avec son ami Gabriel García Márquez, à la fondation d'*Alternativa*, un magazine passablement sulfureux aujourd'hui disparu. Pour Enrique Santos, les années qui ont suivi l'assassinat de Guillermo Cano sont l'« expérience la plus traumatisante pour la presse colombienne ». L'idée d'unir ses forces dans le combat commun était une façon de résister malgré tout.

La coopération entre les médias dura huit mois. Un groupe de sept personnes, des rédacteurs en chef et des reporters haut de gamme qui se réunissaient en secret (entre eux, ils se baptisent « le Kremlin »), organisait le travail. Quatre grandes enquêtes — outre les informations communes — furent ainsi publiées et radiodiffusées, toutes relatives aux trafics des drogues illicites. La cinquième portait sur le cartel de Cali. Œuvre de Fabio Castillo, elle ne sera publiée que dans *El Espectador*. Le temps avait passé. Les autres partenaires rechignaient devant un article qui risquait de « rouvrir la guerre ». Fabio Castillo, qui publia, au même moment et quasi à compte d'auteur, son enquête complétée sous forme de livre, n'a d'autre choix que quitter le pays. Installé en Espagne, il ne rentrera en Colombie que sept ans plus tard, après la mort de Pablo Escobar. On était en 1987, moins d'un an après la mort de Guillermo Cano.

1988 fut, en Colombie, l'année de tous les massacres. On en dénombra plus de 100, avec en moyenne une vingtaine de morts à chaque fois. Les auteurs étaient, le plus souvent, les groupes paramilitaires liés aux narco-trafiquants, les victimes prioritaires se recrutaient parmi les militants de la gauche colombienne « légale », les syndicalistes, les paysans essayant de protéger leur peu de terres. *El Espectador* avait publié plusieurs articles sur le sujet, dont un dossier complet sur les relations entre milices, narcos et militaires, signé par un jeune enquêteur du journal et l'un des meilleurs reporters du pays, Ignacio Gómez, que tout le monde appelle Nacho.

C'est Nacho qui traita alors également l'une des affaires les plus rocambolesques de l'époque : l'histoire de Diego Viafara, *alias* El Veterinario, un ancien guérillero gauchiste du M19, rallié de force, et pour sauver sa vie, aux milices paramilitaires de Rodríguez Gacha « le Mexicain ». Viafara, condamné à mort par ses patrons, avait décidé de se rendre aux autorités, mais, craignant pour sa vie, il avait choisi de le faire par l'intermédiaire d'un journal. Et c'est ainsi qu'*El Espectador* eut le privilège d'enregistrer une confession particulièrement explosive dont les résultats, exploités par les services de répression colombiens et nord-américains, permirent un raid spectaculaire contre les laboratoires des narco-trafiquants. Privilège relatif néanmoins puisque l'histoire ne sera publiée que plusieurs mois après dans le journal, afin de protéger l'informateur mais plus encore l'opération policière. Et la conséquence ultime en sera l'attentat de septembre 1989.

Les années qui suivirent seront toujours plus meurtrières. Journalistes, correspondants locaux ou employés des journaux en font les frais par dizaines. Assassinats et attentats à la bombe se doublent de prises d'otages. Le rédacteur en chef d'*El Tiempo*, Francisco Santos, est enlevé à Bogotá. Il passera huit mois en captivité entre les mains des hommes de Pablo Escobar. Huit autres journalistes sont ainsi kidnappés à la même époque. Une journaliste y laissera la vie, Diana Turbay, fille de l'ancien président de la République et directrice du magazine *Hoy por Hoy*, tuée lorsque la police donne l'assaut de la ferme où elle était détenue.

Aux *sicarios* (ainsi désigne-t-on les tueurs venus des banlieues pauvres) des trafiquants s'ajoutent les différents fronts de guérilla d'extrême gauche, les paramilitaires d'extrême droite qui enlèvent et tuent massivement pour leur « cause » ou au gré d'alliances mercenaires. Parmi les milliers de victimes de cette époque, les journalistes fournissent un contingent à peine significatif. Mais dans cette guerre à la presse colombienne, qui n'épargne aucun titre, l'essentiel est peut-être moins dans la liste trop lourde des morts que dans l'effet obtenu.

Outre les journalistes systématiquement menacés qui doivent quitter le pays pour des exils plus ou moins longs, les journaux décident peu à peu de se résoudre au profil bas qu'on attend d'eux. Les groupes d'enquêtes sont dissous. Les seules informations publiées en matière de trafic de drogue sont pour la plupart de sources officielles. Aujourd'hui, Fabio Castillo écrit régulièrement une colonne de commentaires dans *El Espectador*. Il admet avec un rien d'amertume que pour le journalisme colombien, la bataille a été « perdue ».

Ignacio « Nacho » Gómez travaille toujours au sein du quotidien, mais pour l'essentiel ses enquêtes paraissent en livres, signés de noms divers. « Les livres, dit-il, ont l'avantage de ne pas vivre de la publicité. C'est plus facile quand on s'attaque à de gros intérêts industriels qui sont aussi de gros annonceurs. » Mais cela non plus ne va pas de soi. Les petites maisons d'édition qui hébergent ce genre de publications disparaissent vite, et les réseaux de distribution ont tôt fait d'ôter les ouvrages des rayons dès lors que de mystérieux émissaires ont fait valoir les risques encourus si la vente se poursuit.

José Salgar, l'ancien rédacteur en chef et co-directeur du journal auquel il consacra soixante années de vie professionnelle, ami et confident de Guillermo Cano, confie que si, en dépit des menaces et des pressions, les journaux « ne se sont pas rendus », « tous se sont tus ». Et il conclut d'un mot, terrible : « Une défaite. »

El Espectador n'a pas baissé les bras. Il a combattu, résisté, plus souffert que tous les autres. Non seulement par le nombre des victimes, mais économiquement aussi. Au tournant de la décennie, c'est un journal fragilisé qui sortait de la « guerre totale ». Comme le dit María-Teresa Herrán, une éditorialiste réputée, le « deuil des Cano » a pesé lourd. Les responsables du quotidien, à commencer par Fernando Cano qui, avec son frère Juan-Guillermo Cano, assure la continuité familiale, admettent sans fard que la presse vit plus aujourd'hui des débats d'opinion que d'une information toujours plus difficile à publier.

Dans un hier tout proche, il fallait échapper aux tueurs ; maintenant, il faut aussi ruser avec la justice et la loi.

Une loi scélérate ? Le mot n'est pas employé, mais l'image n'est pas loin. Quand un journaliste évoque devant vous la procédure de la *tutela*, il a tôt fait de vous en dresser un portrait liberticide.

Le principe de cette loi issue de la Constitution de 1991 était de renforcer les libertés et la protection des individus à l'égard des pouvoirs et des institutions. En vertu de la *tutela*, tout citoyen qui s'estime lésé dans ses droits fondamentaux peut saisir un juge qui statue dans l'urgence pour lui rendre justice.

La presse est directement concernée dès lors que le même citoyen peut désormais invoquer la *tutela* s'il se pense injustement mis en cause. Et cela vaut en particulier pour les narco-trafiquants qui n'hésitent pas à se servir de la nouvelle procédure à chaque fois qu'il sont ainsi qualifiés dans les colonnes des journaux alors que la justice ne les a pas plus inculpés que condamnés. Cela donne parfois des situations cocasses, comme dans le cas d'un avocat lié aux cartels, dénoncé comme tel dans *El Espectador*, qui avait obtenu un rectificatif vengeur ordonné par un juge et publié aussitôt, et qui, un mois plus tard, était officiellement inculpé pour les faits rapportés dans le journal.

María-Teresa Herrán est l'une des rares à défendre cette loi qui, au service de la présomption d'innocence, « oblige les journalistes à ne pas écrire n'importe quoi, à contrôler leurs informations et à se montrer vigilants avec leurs sources ». Incontestable. Tout autant que la difficulté de prouver des informations sûres, mais sans moyen d'en citer la source à moins de la vouer à une mort certaine.

Luís Cañón n'aime pas ceux qu'il appelle les « mercenaires de l'information », ces envoyés spéciaux venus du Nord ou d'outre-Atlantique, « qui ne font que passer et dénigrent la Colombie [...] avec leurs idées préconçues sur les cartels et la violence ». Façon un peu raide d'entrer en matière et de rappeler à ses interlocuteurs que, s'ils sont venus pour nourrir un mauvais polar dont ils ont déjà tout le scénario en tête, ils se sont trompés de porte. Rédacteur en chef d'*El Pais*, quotidien de Cali, après sept ans passé à *El Tiempo*, Luís Cañón est aussi l'auteur de plusieurs livres — dont certains publiés au Mexique pour d'évidentes raisons. Le dernier en date s'appelle *El Patrón, vie et mort de Pablo Escobar*. Il sait à peu près tout ce que l'on peut savoir sur le sujet. Il a eu plus que sa part des risques et des menaces, il n'aime guère en parler et résume sèchement cet aspect de l'histoire : « On est toujours ici et on se bat. »

La guerre entre la presse et les narcos ? « Tout groupe de pouvoir, où que ce soit dans le monde, entend contrôler l'information à son profit. Les narcos se conduisent comme le groupe de pouvoir qu'ils sont. Nous, journalistes, nous ne sommes en principe intéressés que par la vérité. Comme celle-ci n'est pas à leur service, ils ne sont pas contents de nous et le font savoir avec des méthodes de groupes clandestins. » Il ajoute que celles-ci ont changé avec la chute du cartel de Medellín au profit des rivaux de Cali. « La procédure est plus politique. Les nouveaux n'utilisent pas la violence contre l'État, mais la corruption et le chantage. Les profils ont changé. Le fils d'Escobar comme ses neveux étaient restés des *sicarios*. Les fils Orejuela [la famille supposée être à la tête du cartel de Cali] vont à Harvard. »

Mais l'essentiel n'est pas là. « Reprenez l'histoire de ces quinze années, explique Luís Cañón. Tout a changé en effet : la production et le commerce des drogues sont devenus un business mondial, d'énormes intérêts sont maintenant en jeu. Il y a quinze ans, nous vivions encore dans le scénario de la cocaïne, avec trois pays producteurs : la Colombie, la Bolivie, le Pérou. Quinze ans plus tard, c'est l'affaire du continent tout entier qui se partage le travail et les profits. »

Le pavot vient désormais s'ajouter à la coca dans les *fincas* de Colombie, où les filières de la cocaïne ont désormais enfanté celles, plus profitables encore, de l'héroïne. Mais la Colombie elle-même n'est plus qu'une partie infime dans ce trafic planétaire. Les 3 à 7 milliards de dollars (selon qu'on retient les estimations de l'ONU ou du Congrès américain) de chiffre d'affaires des trafiquants colombiens ne pèsent guère face aux 300 ou 500 milliards de dollars (selon les mêmes estimations) générés à l'échelle mondiale. Dans son réquisitoire, Cañón n'oublie personne. Des grandes banques d'affaires aux marchands d'armes en passant par les industriels de la chimie qui fournissent les produits nécessaires (les « précurseurs », disent les experts) aux transformations des drogues. Tout le monde, et le monde entier, a sa part dans ce fructueux business. « L'histoire de ces quinze ans, conclut Luís Cañón, est celle de la dernière grande multinationale, la seule aussi qui soit née dans le monde sous-développé. » Un moment de silence, et il ajoute : « Le bilan ? Quinze ans de mort, de douleur, de corruption aussi, n'ont servi à rien. C'est une question qu'on ne devrait jamais se poser, mais chaque lundi, quand je reviens au travail, je me demande si tout cela a encore du sens. »

Près d'un an et demi après la mort de Pablo Escobar, les yeux et l'attention du monde, à commencer par les États-Unis d'Amérique, se sont tournés vers Cali. La troisième ville de Colombie, métropole prospère et ensoleillée de 2 millions d'habitants à 400 kilomètres au sud-ouest de Bogotá, respire une nonchalance heureuse qui sent plus la proximité de l'océan Pacifique que le pouvoir aussi vanté que redouté de son fameux cartel.

Medellín ne s'étant pas relevé, du moins pas encore, du deuil de Pablo Escobar, Cali en profite avec ostentation. Sur la sixième avenue-nord, baptisée « Champs-Élysées de

Cali » par les clichés touristiques, restaurants, bars et discothèques ne désemplissent pas. Les rues de Cali sont plutôt calmes et les armes n'y sont plus apparentes. Elles n'en hébergent pas moins une faune très particulière dont le souci le plus évident est précisément de se faire remarquer. Ses membres ont de vingt à trente ans, ils roulent dans des voitures chics et voyantes, genre 4x4 ou cabriolet (la Mazda rouge passe pour emblématique du genre), avec vitres fumées. Ils portent des lunettes noires et des baskets blanches, des chemises imprimées, largement ouvertes sur le poitrail barré d'une chaîne dorée — les bagues voyantes et les Rollex au poignet ajoutent à l'uniforme —, les ceintures s'alourdissent d'un téléphone cellulaire et d'un *beeper*, et ils font hurler la stéréo en roulant aussi lentement que possible le long des trottoirs.

On les appelle *los traquetos*, terme intraduisible, sorte d'onomatopée formée sur le bruit supposé d'une mitraillette en activité. Ce qui était vrai à l'origine ne l'est plus guère aujourd'hui. Les *traquetos* qui, il y a encore une dizaine d'années, étaient les hommes de main des gros narcos, chargés par et pour eux des besognes expéditives, sont devenus aujourd'hui les petits messieurs du trafic.

Au service de leurs maîtres des cartels, ils peuvent gérer un laboratoire, trafiquer localement en semi-grossistes, organiser un transport dont ils retirent les bénéfices et, comme on ne le voit que trop, frimer sur les belles avenues. Ils ont à leurs ordres des *traquetitos*, la même chose à l'étage inférieur, et plus bas encore dans la hiérarchie les *lavaperros* — littéralement les « laveurs de chiens » — voués, ceux-là, aux vilaines besognes.

La page est tournée ? L'arrogance voyante des nouveaux narcos n'aurait plus besoin des armes pour s'affirmer ? Horacio Yepez Lozano n'est plus là, il est vrai, pour prétendre le contraire. Journaliste de radio et collaborateur de plusieurs hebdomadaires locaux, il eut, l'an passé, le tort — grave — de refuser à un *traqueto* local l'hospitalité de sa table de restaurant, au prétexte qu'il ne dînait pas avec un mafioso. Le jeune homme éconduit est sorti un court moment. Le temps de récupérer deux amis mieux équipés, les trois hommes revinrent et abattirent Horacio d'une balle dans la tête.

María-Jimena Duzán était à New York, le 26 février 1990, quand Sylvia, sa sœur, fut tuée à Cimitarra, une petite ville du Magdalena Medio où une association de paysans avait décidé de reprendre l'exploitation des terres, en dépit des milices paramilitaires et des hommes des narcos. Sylvia Duzán préparait alors un documentaire pour la BBC. Un assassinat froidement prémédité et exécuté.

On imagine difficilement quand on rencontre aujourd'hui María-Jimena, une jeune femme de trente-six ans, qu'elle a derrière elle vingt années d'une carrière exceptionnelle dans le journalisme colombien. Un itinéraire ponctué de reportages qui presque tous firent date, mais aussi de drames et de deuils.

Au lendemain des obsèques de Sylvia, María-Jimena et sa mère quittèrent la Colombie pour Paris. Les deux femmes y resteront six mois. « Dans les trois premiers jours, raconte-t-elle, je me suis dit qu'il était temps d'arrêter. Je ne savais plus où j'en étais. Je ne me sentais plus capable d'être journaliste. Je me disais qu'aucun article, aucune enquête ne valait une vie. Des éditeurs américains m'avaient proposé d'écrire un livre, mais je n'avais jamais eu le temps. Je m'y suis mise comme on se livre à un exorcisme. »

María-Jimena Duzán est revenue au pays. Elle a repris sa chronique d'*El Espectador* qui n'a pas changé de nom depuis qu'elle la fit débuter, en 1976 : « Mon heure zéro », comme pour dire qu'on n'arrête pas de commencer. Elle dit qu'elle veut revenir « aux fondements du journalisme ». Et elle le prouve. Elle a fondé et dirige une école de journalisme à l'université de Los Andes de Bogotá. « Il faut, dit-elle, éduquer les journalistes dans l'esprit de la liberté de la presse et des responsabilités qu'elle implique. Il faut aussi leur dire que ce pays est difficile, qu'on ne peut le décrire en noir et blanc, mais qu'il faut d'abord le connaître pour écrire. Il faut aller sur le terrain. Les journalistes colombiens ont oublié le rôle qui était le leur parce que la situation a fait d'eux des soldats. Un moment, on en était arrivé au point qu'on n'allait plus dans les régions difficiles, sous prétexte qu'on allait se faire tuer. Et celui qui s'y rendait quand même était tenu pour fou. Moi-même je m'étais fait une spécialité de n'écrire qu'à propos des hors-la-loi. Or le vrai problème du pays est l'absence de la loi, l'absence de justice, d'institutions, d'État dans des régions entières. Voilà ce qu'il faut dénoncer aujourd'hui. Mais d'abord il faut y aller. Répondre à la vraie question qui vaille : que se passe-t-il en Colombie ? Voilà ce que je veux enseigner à mes étudiants. »

Marc KRAVETZ, avec Cristina L'HOMME-THIOLLIER

NB. — Outre les personnes citées dans cette enquête, nous devons des remerciements très chaleureux à toutes celles et ceux qui nous ont reçus durant ce court séjour en Colombie, mais en particulier à toute l'équipe, direction et journalistes, d'*El Espectador*, et à Patricia Gómez, du journal télévisé d'*El Espectador*, Camilo Castellanos, spécialiste des problèmes relatifs à la violence au Centre d'enquêtes et d'éducation populaire (CINEP) de Bogotá, Armando Neira, rédacteur en chef de *Cambio 16-Colombie*, Anne Guthmann, correspondante du *Monde* en Colombie et Mylène Sauloy, correspondante de Radio-France International, réalisatrice de films documentaires et auteur, avec Yves Le Bonniec, du livre *A qui profite la cocaïne* (Calmann-Lévy, 1992, édition remise à jour en collection « Pluriel », 1995).

Le livre de María-Jimena Duzán a été publié en Colombie sous le titre *Crónicas que matan*. Nous en avons utilisé la version américaine, rédigée avec la collaboration de Peter Eisner et publiée chez Harper Collins en 1994 sous le titre *Death Beat*.

Ce livre attend toujours une traduction française, de même que *El Patrón, vida y muerte de Pablo Escobar*, de Luís Cañón.

Pour les références les mieux à jour sur les trafics de drogues illicites, on se reportera à l'édition 1995 de *Géopolitique des drogues*, Éd. La Découverte.

CUBA

Yndamiro Restano Diaz

L'autocensure ou la prison

Avril 1995, la Havane, Cuba

Cela commence comme le générique du feuilleton télévisé *Miami Vice*. Rappelez-vous... le hors-bord gros comme une fusée, rapide comme un obus, qui bat les vagues turquoise des eaux de Floride, survolé par un hélicoptère blanc, l'envol des flamants roses et les reins d'une sylphide blonde au sourire hypervitaminé. Ici, nos déesses sont mulâtres, l'hélicoptère appartient à l'armée cubaine, mais les hors-bord sont bien les plus longs et les plus puissants du monde : une douzaine de mètres, des pilotes casqués, deux énormes moteurs et un rugissement à faire fuir tous les contre-révolutionnaires de l'île !

Les dizaines de milliers de Cubains, massés sur le Malecon, le front de mer de La Havane, n'en croient pas leurs yeux. Eux qui sont venus à pied ou à vélo, par manque de véhicules et d'essence, regardent le ballet de ces comètes occidentales brûler l'équivalent de plusieurs camions-citernes en disputant le championnat du monde des hors-bord que le régime, révolutionnaire mais bon prince, offre au peuple de Cuba. Alors, ils restent là, fascinés, à regarder passer ce rêve luxueux, image irréelle qu'ils avaient entr'aperçue l'espace d'une série américaine. Six mois plus tôt, les *balseros* enjambaient cette même jetée, poussaient dans l'eau salée un dérisoire radeau fait de chambres à air et commençaient à ramer avec leurs mains, décidés à affronter les vagues, les courants, la soif et les requins, pour franchir les cent quarante kilomètres qui séparent La Havane de l'Eldorado américain. Aujourd'hui, Miami est venu à eux, le temps d'un dimanche après-midi. Et Fidel Castro lui-même, en uniforme vert olive, barbe et casquette de la révolution, remet la coupe au vainqueur. A défaut de pain, on a les jeux. Et le public applaudit l'artiste.

A l'autre bout de la capitale, dans un quartier aux maisons décaties, lépreuses et belles, un petit groupe d'hommes aux airs de conspirateurs avance le long d'un couloir obscur et frappe trois petits coups à une porte... Une ombre entrouvre prudemment, jette un rapide coup d'œil alentour et vous fait pénétrer dans un petit salon, meublé de quelques chaises et d'un unique ventilateur. La lumière de la cour éclaire des hommes minces et secs, en habits simples des ouvriers de La Havane. Le plus âgé, jambe cassée et bras en écharpe, se déplace en chaise roulante. Il est dix-sept heures et ils n'ont encore rien mangé de la journée. Comme d'habitude. On leur tend une tasse de café noir et sucré. Sourires. La réunion secrète peut commencer.

« Aujourd'hui est un jour historique ! » annonce l'homme sur sa chaise roulante. Nestor Baguer est un vieux journaliste de soixante-treize ans. Deux mois plus tôt, un homme l'a projeté à terre, en plein centre-ville, sans mot dire. Il y a trois ans, c'est un autre inconnu à bicyclette qui lui a décoché une manchette de professionnel. Bilan : cinq points de suture sur le crâne. Les agressions sont signées. Les durs du régime n'apprécient pas son Agence de presse indépendante de Cuba, l'APIC, une soixantaine de journalistes clandestins qui essaient tant bien que mal de recueillir des informations en dehors du système officiel. Pour lors, les autorités les tolèrent.

Ils ont peu de moyens, deux téléphones, un fax et un ordinateur fournis par une organisation humanitaire. Ils ont surtout l'assurance, pour ceux qui se font identifier, de ne plus avoir de place dans les médias du pays et le risque constant, à la moindre erreur, de se faire interdire, arrêter ou emprisonner. La presse, à Cuba, est un des points noirs

du régime, un secteur dévasté par des années de verrouillage médiatique, un modèle d'archaïsme. Comme *Gramma*, quotidien, 400 000 exemplaires, qui continue à parler de récoltes mirifiques et n'en finit plus de commémorer le passé glorieux, si résolument hermétique qu'il ne reflète même pas le nouveau discours libéral des dirigeants. Journaux, hebdomadaires, radios ou télés... Tous se ressemblent même si on relève dans *Trabajores*, journal du syndicat officiel, ou *Bohémia*, le magazine culturel, quelques prudentes critiques.

Ici, la presse est aux ordres et le journaliste n'a aucun prestige, aucune influence. Une simple courroie de transmission. Les journalistes ne sont jamais arrêtés à la suite d'un article contestataire... parce que ces articles ne sont jamais publiés. L'autocensure ou la prison : le cercle est tracé. Celui qui tend à en sortir perd très vite son travail, son téléphone et sa tranquillité. Surveillance, perquisitions, menaces, agressions physiques et intimidations... Des brigades de *Ripuesta rapida*, censées être l'émanation du peuple en colère et qui ne sont que les gros bras du régime, viennent lui jeter des pierres, des bouteilles et des bordées d'injures. A l'école, les copains de ses gosses les traitent de « fils de traître... ». Intenable.

Aujourd'hui, le régime, désireux de changer son image, hésite à infliger de longues peines de prison pour « propagande ennemie ». On préfère le harcèlement, la pression psychologique, la menace ou l'invitation à quitter le pays : Ah ! l'exil ! Arriver de l'autre côté de la mer des Caraïbes, vers la Floride, la Californie, Miami, Los Angeles... Les États-Unis ! Pour les plus pauvres, c'est un rêve, une fuite éperdue vers le bonheur, la traversée individuelle de la mer Rouge. Pour les autres, intellectuels et journalistes, cela prend le goût de l'échec. Se taire ou accepter d'être banni, c'est toujours renoncer, ultime forme de la soumission. Ils s'en vont et que reste-t-il ? Une dissidence exsangue, vidée de ses meilleurs éléments et souvent, trop souvent, morcelée et divisée.

Cela fait l'affaire des durs du régime et, à Miami, des radios d'extrême droite, hystériques, qui ne cessent de lancer des appels à un *remake* de l'invasion armée de la baie des Cochons, exigent le durcissement d'un embargo qui asphyxie l'île et inondent le pays de nouvelles alarmistes et de fausses informations. Témoins les événements de septembre dernier, début d'une nouvelle crise des *balseros*, quand une radio américaine annonce l'arrivée d'une armada de vedettes qui se dirige vers le port de La Havane pour embarquer tous ceux qui veulent quitter le pays ! Résultat : aucun bateau mais dix mille personnes sur le Malecon, une foule trompée, frustrée, furieuse et qui retourne sa colère contre les hôtels du front de mer... Les « médias de la haine » ont encore frappé.

Pourtant, le pays change : tourisme, politique des visas, dollarisation, marchés agricoles privés, économie... tout avance, peu ou prou. Sauf la presse, condamnée à la stagnation volontaire. Comme si le régime se méfiait pardessus tout des mots. Comme s'il voulait évoluer sans le dire. On est loin de l'âge d'or du passé, quand le premier correspondant de l'agence Prensa latina, créée par Che Guevara, s'appelait Gabriel García Márquez.

« Aujourd'hui, 27 avril 1995, est un jour historique... », répète le vieil homme dans sa chaise roulante. Autour de lui, tous approuvent de la tête. Venus de tout le pays, ces hommes en habit simple sont chacun responsable d'un syndicat « libre », c'est-à-dire clandestin. « Nous allons proclamer et signer ensemble la constitution du SNP, le premier Syndicat national de la presse ! » Une feuille de papier imprimée passe de main en main, chacun la signe, on se lève, on s'embrasse un peu ému en vous répétant : « Un jour qui fera date. Quelle chance vous avez d'assister à ça ! »

Journée historique ou simple virgule de l'histoire de la dissidence à Cuba ? Seul l'avenir le dira. Mais pour lors, tous se taisent et se recueillent, en pensant à un homme, déclaré à l'unanimité membre d'honneur du tout nouveau syndicat : Yndamiro Restano Diaz, quarante-sept ans, journaliste, poète et formidable tête de mule, qui continue à refuser l'exil doré de Miami et à lui préférer la prison du Combinado del Este, premier étage, bâtiment 1, section 45, où, en ce mois d'avril 1995, il porte depuis trois ans et demi le matricule n° 1145.

« Il l'ont arrêté le 21 décembre 1991, vers quatre heures de l'après-midi, tout près d'ici, face à l'Alliance française », se rappelle la mère d'Yndamiro. « Deux voitures lui ont coupé le chemin, des hommes l'ont poussé à l'intérieur du véhicule, précise son père, mais il a eu le temps de crier qui il était pour qu'on vienne m'avertir. »

Nous sommes à deux pas de la place de la Révolution. L'appartement familial est grand, bourgeois, avec des dalles de pierre blanche sur le sol, quelques beaux tableaux sur les murs et une forêt de plantes vertes qui tamisent le soleil et le bruit de la rue. Le père, ancien journaliste, a soixante-treize ans, des cheveux et une moustache blancs, le teint rougeaud et des yeux très verts ; la mère, visage doux, cheveux gris et lunettes cerclées de métal, est un ancien professeur d'histoire révolutionnaire. Leur histoire, et celle de leur fils Yndamiro, se confond avec celle de Cuba. Le père a rejoint le parti communiste à dix-huit ans ; la mère à dix-neuf. Ils se sont connus en militant, se sont aimés et ont combattu pour obtenir la Constitution de 1940. A l'heure de la révolution, ils n'ont pas hésité à rejoindre *il monte*, les montagnes de l'*Ejercito rebelde*, pour combattre la dictature de Batista. Avec Fidel et le Che, ils font partie intégrante du mythe fondateur du Cuba.

A leurs côtés, un gamin de onze ans, doux mais têtu : Yndamiro. Avec la victoire de la révolution et le retour à la ville, le gamin se révèle un pur-sang du communisme ; en vacances, il court collecter le café ou couper la canne à sucre dans les champs. Il sort premier de l'École d'instruction révolutionnaire et on le découvre, sur une photo de l'époque, adolescent solide, grand front intelligent, le regard éclairé d'une belle flamme. A vingt ans, il est journaliste, diplômé d'histoire de l'art, écrit des poèmes et commence à avoir un regard critique. C'est l'heure des premières grandes discussions avec les parents sur le système, ses contradictions et ses perversions. Yndamiro parle d'« erreurs », mais croit encore à la sincérité de la révolution.

En 1971, le journaliste de Radio Rebelde édite un premier bulletin clandestin qu'il affiche sur la vitrine de *Coppélia*, un grand magasin de crèmes glacées. Puis il distribue un manifeste dans la rue. C'est son premier acte d'insubordination, il a trente ans et se retrouve aussitôt dans les locaux de la police politique, la célèbre « Villa Marista ». Sa famille est connue et respectée ; l'officier qui le ramène chez lui, peu avant minuit, rassure ses parents : « Nous lui avons parlé. Je crois qu'il a compris. Vous devez l'aider à changer. Lui apporter la lumière. » On discute, beaucoup, dans la maison familiale. Et peu à peu, ce sont... les parents qui commencent à changer d'avis. « Quand j'ai lu dans *Life* qu'on tuait des gens en URSS, j'ai crié à la propagande ! raconte la mère. Ensuite, j'ai vu ici les premières arrestations arbitraires, les persécutions... Je disais à Yndamiro : "Ne tire pas de conclusions trop rapides. Tu verras, cela va changer." Et lui répondait : "Non. C'est la nature même du système qui est comme ça !" »

Elle soupire : « On s'est tant battu dans les montagnes. On a cru en tout ça. Notre déception a été terrible. » Sourire triste... « Vous savez, les communistes dans l'opposition sont formidables ! Et puis, on l'a encore arrêté... lui, et d'autres. J'ai compris. Il avait raison. »

La suite est l'histoire d'un combat perpétuel. Yndamiro, le « contre-révolutionnaire », est licencié de Radio Rebelde. Par égard pour son nom, on l'envoie dans une radio locale à Sancti Spiritus, où il découvre la réalité économique du pays, les statistiques mensongères, les privilèges des caciques. Yndamiro dénonce tout, en bloc, et « se fait aussitôt éjecter comme un bouchon de champagne », dit son père, admiratif. Retour à La Havane, à Radio Ciudad. Il envoie anonymement un de ses poèmes à un concours littéraire, obtient un prix, qu'on refuse de lui remettre dès qu'on découvre son identité. Il réussit à imprimer ses vers, les distribue à la porte des églises. Parce que, en plus, il est croyant ! Lui, le fils de communistes athées. Cette fois, tous les médias lui ferment leur porte. Il sera laveur de vitres dans un hôpital — enfin, la transparence ! — pour peu de temps, celui de donner une interview à la BBC et de se faire renvoyer, tabasser dans la rue, arrêter et interroger.

Aussitôt, il rejoint la Commission des droits de l'homme de l'opposant Elisardo Sanchez Santa-Cruz.

À Moscou, l'heure est à la *perestroïka*, Gorbatchev arrive à Cuba ; on met Yndamiro le gêneur en prison, histoire de ne pas troubler la visite officielle. « On espérait que Gorbatchev allait convertir Fidel au changement, dit sa mère. Quelle désillusion ! »

Pour Yndamiro, le chemin est tracé. Dès 1989, il crée l'APIC, organise le premier syndicat libre de Cuba, puis le MAR, Mouvement de l'harmonie, « mouvement pluraliste à tendance social-démocrate, à portée sociale mais d'inspiration chrétienne », comme il le définira lui-même. Il choisit une couleur étendard, le bleu. Au prochain match de base-ball, ils sont cinquante-trois sympathisants à afficher un foulard, une chemise ou un chapeau bleu. Et cent deux autres, journalistes, intellectuels, ouvriers, à faire un *sit-in* devant l'église Sainte-Rita dans le quartier huppé de Miramar. La police charge, matraque haute, et le sang coule.

Que faire de ce rebelle pacifique, prosélyte, dérangeant, organisateur de syndicat et de mouvement politique ?

La réponse survient sous la forme d'une Lada noire au coin d'une rue, et d'une inculpation pour « rébellion ». Yndamiro s'attendait à être arrêté, il pensait écoper de quelques mois de prison. Il va en prendre pour dix ans et passer 1 257 jours dans les cellules d'une Révolution qui a perdu son âme.

Juillet 1995, Paris

Le voilà, les traits un peu tirés, amaigris par la prison, une prothèse neuve pour remplacer les dents perdues à cause de la malnutrition, mais un moral intact et une joie profonde d'être libre. « Une fois arrêté et poussé dans la Lada noire, un des inspecteurs m'a dit : "Dis donc, Yndamiro… tu as pris quelques cheveux blancs depuis le temps que tu te bats !" »

« Cet inspecteur était le fils de celui qui m'avait arrêté la première fois en 1985... » On jette Yndamiro dans une cellule de la « Villa Marista », seul, une lampe néon allumée jour et nuit. On l'interroge pendant deux mois... « Ils savaient déjà tout de moi, de mes activités. L'instruction ne visait qu'à construire un dossier d'accusation. » Au jour du procès, qui durera quinze heures, Yndamiro fait front, rejette le tribunal, démontre que le système « socialiste » n'est plus qu'une bureaucratie, une *nomenklatura* qui a confisqué le pouvoir au peuple. On le laisse parler, longuement, avant d'appeler dix-neuf témoins à charge. À la barre, aucun d'eux ne parle de violence, « et trois témoins se sont mêmes rétractés devant le président... C'est la première fois que les services n'ont pas réussi à trouver un mouchard pour accuser un dissident ! » ironise Yndamiro. Le procureur n'est pas très brillant et le dossier mal ficelé. L'officier politique qui l'a interrogé se retrouvera destitué, reconverti en... magasinier dans une quincaillerie de La Havane.

Pour lors, le procès piétine. Le procureur a beau rappeler qu'un « pacifiste peut être dangereux, comme Gandhi qui a réussi à faire chuter l'Empire britannique... », mais le président ne retient pas la « préméditation d'attentats contre dirigeants » passible de la peine de mort et se contente du délit de « contre-révolutionnaire » : dix ans de prison.

Yndamiro en connaîtra plusieurs. D'abord celle de Guanajay, à 70 kilomètres de la capitale, « une nourriture infecte, de l'eau grasse comme soupe, un robinet au-dessus des WC à la turque... » On le rend responsable d'une grève des détenus. « Ce n'était pas moi, c'était la faim ! ». Direction Guantanamo, « des gardes intelligents, humains. Au bout de six mois, je commençais à travailler, dehors, au jardin, au soleil ! ». Nouveau transfert à Matanzas : il dit bonjour au gardien, un détenu le tire par la manche : « Fais gaffe ! Baisse la tête ! Ici, t'es pas dans un hôtel pour touristes ! » La prison est très dure, les détenus traités comme des chiens et les coups de gourdin pleuvent. Il envoie un poème à un haut fonctionnaire responsable des prisonniers politiques. « Les mains ne sont pas faites pour frapper mais pour caresser l'apparence de l'existence/ Les années passent, les mains pourriront mais les œuvres resteront/ Hors du temps. » Le fonctionnaire comprend, l'accueille dans une nouvelle prison, au Combinado del Este, et lui dit : « Ici, pas de coups. Bonne chance. »

Pendant 1 257 jours, il ne renoncera jamais. Gymnastique et yoga le matin ; lecture d'une biographie d'Albert Einstein et d'un dictionnaire philosophique le soir ; protestations, revendications et organisations de grève le reste du temps, pour améliorer la nourriture, les droits des détenus, leur dignité... « Il faut dépénaliser les idées ! » explique-t-il aux responsables de chaque prison. Infatigable. « On m'a plusieurs fois proposé la liberté contre mon départ pour l'étranger. J'ai toujours refusé. »

Quand il apprend la visite de Fidel Castro à Paris, la promesse de libérations faite à Danielle Mitterrand, de France-Liberté, et qu'on lui propose de soigner ses dents, il comprend. Le 1er juin dernier, on lui rend ses vêtements civils et un officiel l'emmène visiter une des réalisations du régime, un « pôle scientifique » ultra-moderne. « Le régime cubain, diagnostique Yndamiro, c'est cela. Le pire : droits de l'homme violés, Constitution bafouée, prison... Et le meilleur : droits sociaux, école, sport et santé pour tous. »

Le soir, enfin, il est chez lui, entouré de sa famille et des journalistes étrangers. « Cette fois, j'étais vraiment libre ! »

Plus de vingt ans de bataille, trois ans et demi de prison, quelques agressions, une vie à l'index... et pas une trace d'amertume. « On apprend beaucoup en prison, à connaître les hommes dans un monde dur, la valeur des idées, la solidarité, la douleur comme moyen de se surpasser... Je n'ai pas l'impression d'avoir perdu mon temps ou gâché ma vie... J'ai eu une expérience riche et même quelques moments de bonheur. » Yndamiro sourit, regarde son passeport tout neuf et la vie alentour. Il est persuadé que le régime de Fidel évolue vers la tolérance, qu'il va pouvoir reprendre ses activités. « Pour dénoncer les péchés du système. Sans violence mais sans faiblesse. »

Cet homme est incorrigible, et Dieu le Père lui-même devrait s'en méfier. Le jour où il rejoindra le paradis des emmerdeurs tranquilles, il est bien capable d'y créer un syndicat.

Jean-Paul MARI

LIBAN

Philippe Rochot

« ... et si encore on pouvait les tenir en laisse »

1986. — L'hiver touche à sa fin. On recherche dans l'Atlantique les restes des astronautes de *Challenger*. Téhéran annonce que le nombre des avions de guerre irakiens abattus par la DCA iranienne s'élève désormais à soixante-dix. Mario Soares, premier chef d'État civil du Portugal depuis soixante ans, est intronisé à Lisbonne. François Mitterrand est venu lui donner l'accolade. Il y a toujours un mur entre Berlin et Berlin.

A Paris s'ouvre le rituel Salon de l'agriculture. Jacques Chirac en est le chouchou et l'inamovible visiteur, d'autant plus empressé que nous sommes à une semaine des législatives. Une information éclipse cependant l'inauguration. La veille, samedi 8 mars, une équipe d'Antenne 2 a été enlevée à Beyrouth. Les visages de Philippe Rochot (reporter), Georges Hansen (cameraman), Aurel Cornéa (preneur de son) et Jean-Louis Normandin (assistant éclairagiste) « font la une » sans qu'on en apprenne beaucoup sur la personnalité des disparus ni sur la nature précise de leur mission. Ce qui frappe l'ensemble des médias est d'abord la « surenchère », l'« escalade », le surcroît de dramatisation apporté à une sorte d'humiliation nationale. En effet, depuis plus d'un an, deux diplomates, Marcel Carton et Marcel Fontaine, un journaliste, Jean-Paul Kauffmann, et un chercheur, Michel Seurat, croupissent dans une geôle libanaise aux mains du Djihad islamique. Celui-ci vient d'annoncer l'exécution de Seurat (5 mars) et l'indignation ajoute au complexe d'impuissance.

D'abord imputé au Djihad, l'enlèvement de l'équipe d'Antenne 2 est revendiqué par une mystérieuse « organisation de la justice révolutionnaire » (OJR). Certes, il n'est pas dissimulé que, dans ces prises d'otages, ce sont des porteurs de nouvelles qui sont visés, des fauteurs d'information qu'on réduit au silence. Toutefois, la plupart des réactions qui émanent de la classe politique, il est vrai en campagne, mettent surtout l'accent sur le bras de fer entre le terrorisme et la patrie des droits de l'homme. Laurent Fabius, qui est pour quelque temps encore le Premier ministre de la France, résume au fond cette attitude lorsqu'il dénonce avec hauteur le chantage « exercé en période électorale » sur l'action du gouvernement et du président de la République, sur le peuple tout entier. C'est le défi à la grande puissance, c'est l'affront qui sont intolérables...

Serais-je en train de suggérer que derrière les formules de sympathie transparaît la vexation — pour ne pas dire l'exaspération ? Oh ! certes, il faudrait pouvoir faire la part, dans ces réactions, entre les sentiments réels et la plastronnade de circonstance, nuancer selon les personnes. Il n'empêche. Cette pointe de dépit, cette impatience, je ne les invente pas. Nous verrons tout à l'heure qu'elles se sont bel et bien manifestées. De sorte que l'apitoiement général peut passer pour de l'hypocrisie et l'on comprend la colère de Marie Seurat. Cinq jours après l'annonce de la mort de son mari et la publication de photos macabres, quarante-huit heures après l'enlèvement de l'équipe d'Antenne 2, ses imprécations brisent le ronron de l'« union sacrée ». « La France est devenue une carpette [...]. J'impute la responsabilité de l'exécution, du meurtre de mon mari, à monsieur Joxe. Le Hezbollah a exécuté mon mari. Monsieur Joxe l'a fait assassiner. S'il avait le moindre amour-propre, monsieur Joxe aurait déjà démissionné. » Le ministre de l'Intérieur, qui a fait expulser deux jeunes opposants irakiens vers Bagdad, présente sa démission. François Mitterrand la refusera... Sur ces entrefaites, le docteur Razah

PHILIPPE ROCHOT. « ... ET SI ENCORE ON POUVAIT...

Raad, Français chiite d'origine libanaise, candidat « divers droites » dans le département de l'Orne et néanmoins intermédiaire entre le gouvernement socialiste et le Djihad, a repris le chemin de Beyrouth, *via* Damas. Le cri de douleur de Marie Seurat est peu à peu enseveli dans le bavardage de la campagne électorale. Laissons le curieux émissaire à sa spectaculaire discrétion, les urnes aux électeurs, et revenons quelque temps en arrière.

Au sein de la rédaction d'Antenne 2, si quelqu'un est particulièrement sensible à la situation libanaise et au sort des otages, c'est Philippe Rochot.

Né à Dijon le 12 septembre 1946, il s'est découvert une vocation de journaliste sur les bancs de l'école en classe de troisième, à l'âge où s'ouvre l'esprit. Il ressent cette irrépressible curiosité qui pousse certains à regarder différemment le monde, à rendre compte. Il veut voir du pays et il en verra dès sa sortie de l'École supérieure de journalisme de Lille (46e promotion). Sa connaissance de l'italien lui vaut d'être correspondant de France Inter à Rome (après un bref apprentissage à la station régionale de Lille), mais plus que tout l'attire la civilisation arabe, découverte à l'occasion de son service au titre de la coopération en Arabie Saoudite. Il y suit à deux reprises (1971 et 1972) le pèlerinage de La Mecque, apprend assez d'arabe pour se débrouiller. De 1973 à 1977, Philippe Rochot est le correspondant de France Inter dans ce Liban qui n'est plus la « Suisse du Moyen-Orient » — si tant est qu'il l'ait jamais été. A Beyrouth, qu'il finit donc par connaître autant qu'il est possible à un observateur, Rochot passe tout naturellement de la parole à l'image pour le compte d'Antenne 2. Ensuite, ses reportages l'expédieront dans une quarantaine de pays, mais il s'arrange pour revenir deux ou trois fois par an au Liban. Car un lien profond l'unit désormais à ces terres des premières larmes bibliques qui semblent à jamais marquées par la malédiction de Caïn. Il s'intéresse aux divisions et aux douleurs des frères ennemis, au sort des *mustazafin*, les déshérités. D'une certaine manière et quoique s'exerçant sur un champ différent, sa pratique professionnelle recoupe, jusque dans la passion qu'ils y apportent, les recherches de Michel Seurat sur le terrain. Le journaliste et le sociologue ont souvent les mêmes curiosités et les mêmes interlocuteurs.

Lorsque le Djihad annonce l'exécution de Seurat, dont Rochot ne doute hélas pas qu'elle ait bien eu lieu, c'est évidemment lui qu'Antenne 2 dépêche à Beyrouth. Il n'est pas inutile d'insister sur ce point : c'est un professionnel aguerri et le plus averti de la situation qui est envoyé en mission. La presse de l'époque néglige parfois ce fait, quand elle ne le passe pas sous silence pour s'en tenir au suspense et aux conjectures, de sorte qu'un lecteur pressé, c'est-à-dire un lecteur normal, pourrait imaginer qu'un débutant casse-cou est allé imprudemment se jeter dans la gueule du loup.

Par prudence — et par réprobation éthique —, Rochot refuse le contact avec un inconnu qui lui propose téléphoniquement de lui vendre des photos du cadavre de Michel Seurat — ces mêmes photos s'étaleront sur les couloirs du métro parisien « grâce à l'obscénité publicitaire d'un magazine[1] ». De même, il hésite ce jour-là à se rendre à la rencontre organisée dans une mosquée par le Hezbollah, sous prétexte de commémorer un attentat à la voiture piégée un an plus tôt. Mais il y aura quinze autres journalistes sur les lieux. Des banderoles en anglais indiquent assez que la manifestation s'apparente plus à l'opération de relations publiques qu'au traquenard. Philippe Rochot espère y interviewer le cheikh Ibrahim El-Amin qui a peut-être des informations sur les otages.

En définitive, l'interview n'est pas accordée. L'équipe française, qui a attendu en vain, est ainsi la dernière à quitter la mosquée. Cette pichenette du destin a peut-être scellé son sort. Un commando de l'OJR intercepte les quatre hommes à un kilomètre de là, sur cette même route de l'aéroport où Kauffmann et Seurat ont été enlevés. Il serait malséant de ne pas laisser ici la parole à Philippe Rochot lui-même. Il ne raconte les faits qu'en décembre 1987 (dans

1. Olivier Mongin, *Le Monde*, 22 mai 1986.

L'Express). « J'attendais pour parler, explique-t-il, le retour de Jean-Louis Normandin, car sans lui, j'avais encore un pied enchaîné dans ma prison. » Revenons donc au 8 mars 1986.

« Le temps d'un éclair, j'ai eu envie de sauter du taxi. On venait de passer la guérite rouge et blanc de l'armée libanaise. J'ai voulu courir vers le soldat en faction. Trop tard. Deux voitures et une moto nous bloquaient la route. Quatre hommes ont fait irruption. On avait le pistolet sur la tempe. Impossible de fuir : Georges Hansen avait la caméra sur les genoux, Aurel Cornéa le magnéto entre les jambes, et Jean-Louis Normandin était assis au milieu. Le piège s'était refermé.

« "Vos passeports ! La caméra, c'est quoi ? Vous venez de l'aéroport ?"

« Apparemment, ils ne savent pas que nous sommes une équipe de télévison. Un jeune s'est emparé du volant. Il est nerveux : "Tu connais les *mustazafin* [déshérités] ? me lance-t-il en arabe.

— Oui, je les connais, et j'ai toujours cherché à expliquer leur cause.

— Fermez les yeux. Non, pas les mains sur la figure..."

« Trois virages, et nous avons perdu le sens de l'orientation. Arrivés dans une villa, c'est la fouille. Ils nous confisquent tout : argent, montres, alliances, papiers et, bien sûr, tout le matériel télé.

« Ils attendront la nuit pour nous sortir, roulés en boule à l'arrière d'une camionnette. J'ai l'impression qu'on nous conduit vers un terrain vague entre le bord de mer et l'aéroport, pour nous exécuter. Un cri d'enfant, au loin. On est en zone habitée. Ils nous installent au fond d'un cagibi, les yeux bandés. On a seulement le droit d'uriner dans une cruche. Tard dans la nuit, ils nous font monter dans un appartement où vit une famille. Un seul matelas de mousse pour quatre.

« Nouveau transfert, la nuit suivante. La pièce est un peu plus grande. Deux matelas pour quatre. Les volets sont fermés, la fenêtre est masquée par un rideau. Je le soulève. Un gardien en cagoule fait irruption dans la pièce : "On t'a vu, il y a des caméras !" Il devait nous surveiller depuis la terrasse. Nous savons tous qu'aucun otage français n'a encore été libéré et que les ravisseurs viennent d'annoncer l'"exécution" de Michel Seurat.

« Un jour, ils nous font agenouiller face au mur. Un gardien claque dans ses mains, ce qui nous fait sursauter. Ils vont jusqu'à palper les battements de notre cœur. Ils me font lever le premier, me bandent les yeux, et ajoutent même du coton sous le bandeau. "Tu vas être exécuté." Je ne suis pas surpris. Je dirais même que j'attends cela. Je préfère en finir tout de suite.

« "Qu'est-ce que tu fais au Liban ? Tes reportages dans le monde, c'était quoi ?"

« Sur une liste de quarante pays que je donne, ils en retiennent quatre : l'Irak, l'Iran, Israël et le Liban...

« "Quand tu parles de l'imam Khomeyni, tu dois toujours mettre la main sur ton front."

« Ils veulent me faire dire que je suis un espion : "Tu seras exécuté, mais pas maintenant." Ils menacent de me torturer à l'électricité. Je pense à la gégène et à la guerre d'Algérie.

« Après quatre jours de détention, ils nous attachent les poignets avec de courtes chaînes, dont les maillons rentrent dans la peau. "On n'est pas des chiens", dis-je en arabe à notre gardien. Il est furieux : "Ne répète jamais ce que tu viens de dire !" Deux heures plus tard, il revient pourtant avec une chaîne de cinq mètres de longueur, qu'il nous fixe à un seul poignet et qu'il attache au radiateur. C'est ce lien, physique et moral, qui va sceller notre amitié, avec Georges, Aurel et Jean-Louis [...]. »

La suite du récit relate les cent cinq jours de détention sans trace de pathos : les plateaux de nourriture, la chaîne, les lectures de *Lagarde et Michard du XIXe siècle*, le match de football du Mundial, la libération inopinée à l'hôtel Beaurivage. Sur la peur quotidienne, une seule petite phrase elliptique : « Rien n'est plus dur que de s'interroger sur son sort chaque fois que la porte s'ouvre. »

Enfin, Rochot conclut : « Je ne livre pas ce témoignage pour évoquer des états d'âme. Je veux parler pour ceux qui nous reviennent, et qui nous reviendront. Il est impossible de vivre pendant des mois dans l'incertitude de son sort, face à des hommes armés et en cagoule, dont les réactions sont imprévisibles, sans que cela laisse de profondes cicatrices. Un an après ma libération, j'avais encore l'impression que nos ravisseurs me parlaient quand je lisais leurs communiqués.

« Je ne retournerai pas au Liban. Aux journalistes qui me demandent s'ils doivent y aller, je dis de poser la question à quelqu'un d'autre. J'ai trop versé de larmes sur cette terre déchirée… »

1995. — Philippe Rochot n'a pas changé. C'est toujours le même mince jeune homme à l'air posé, au regard à la fois scrutateur et doux. Il n'en dit pas plus sur ce qu'il a enduré. Il préfère parler de l'angoisse des siens, de son sentiment de responsabilité à l'égard de son équipe : il était le seul du groupe à connaître le Liban et les autres lui faisaient confiance… Ses coéquipiers lui ont-ils jamais reproché quoi que ce soit ? Non, bien sûr, mais bon…

Telle est la violence faite à l'otage, qui n'a rien à voir avec le prisonnier de guerre : non seulement on le prend comme ça, au hasard, pour en faire une marchandise, non seulement on le soumet à la pire des tortures morales, mais, en plus, quand on le libère, on lui a inoculé à son insu une sorte de poison, de sorte que lui, victime, il lui faudra parfois se raisonner pour se persuader qu'il n'est pas coupable de quelque chose qui lui aurait échappé. « C'est une expérience globalement négative », dit Philippe Rochot, comme en s'excusant.

Libéré un vendredi soir, il se présente le lundi à la conférence de rédaction. Quelques semaines plus tard, il part pour cinq ans en Allemage où il couvrira la chute du Mur. Il est persuadé que de « remonter tout de suite en selle » lui a été salutaire. Ce métier, qui lui a valu la plus terrible des épreuves, il lui doit aussi d'avoir pu refaire surface. C'est pourquoi il préfère parler du journalisme que de ses cicatrices. C'est au nom du journalisme qu'il consent à livrer ce qui lui est resté en travers de la gorge : la façon peu élégante dont on a expédié Jacques Abouchar en préretraite, les tentatives de récupération politique à peine voilées dont les otages libérés ont été l'objet. On aurait vu d'un bon œil qu'ils manifestassent publiquement leur gratitude par une adhésion au parti du gouvernement libérateur !

Cette impatience que nous évoquions plus haut, elle aura au bout du compte été exprimée. Pas par n'importe qui, et de quelle façon !

Le 27 janvier 1987, Jacques Chirac, encore Premier ministre, ne mâche pas ses mots : « Nous avons demandé aux dirigeants des journaux de bien vouloir le cas échéant rapatrier leurs journalistes et leur interdire d'aller à Beyrouth ou en tout cas avec la couverture de leur journal[2].

« Les journalistes sont forcément particulièrement visés. C'est un peu facile, lorsqu'on est irresponsable, d'aller s'exposer pour la gloriole ou pour le métier, se faire piquer et ensuite engager un processus dont toute la nation pâtit. Ça n'est pas un endroit fréquentable pour les journalistes... Si je parle des journalistes c'est que ça cavale dans tous les sens. Ça ne reste pas dans un endroit déterminé. Si encore on pouvait les tenir en laisse... »

Dans une lettre qu'il ne rend pas publique, Philippe Rochot regrette, en termes mieux choisis, que le chef du gouvernement donne l'impression « qu'il existe d'un côté des chefs sages et conscients et de l'autre des journalistes irresponsables ». Aujourd'hui, le reporter de France 2 ne souhaite pas raviver de polémique, mais on devine que le reproche n'est pas passé.

N'y a-t-il pas là tout le paradoxe d'une profession qui demeure à proprement parler *insupportable* : du fanatisme en cagoule qui lui fait violence au confort démocratique qui lui fait la morale et rêve de muselière ? L'un et l'autre ont des raisons opposées mais impérieuses de diminuer la capacité des gens à comprendre le monde. C'est pourquoi au sens propre, qui est heureusement plus rare, comme au sens symbolique, le journaliste est toujours menacé d'être

2. *Le Monde*, 29 janvier 1987.

pris en otage. A tout le moins d'être instrumentalisé. « Celle de nos libertés qui les vaut toutes » (Chateaubriand), la liberté de la presse, n'est jamais acquise. L'itinéraire de Philippe Rochot est de ceux qui rappellent cette évidence en y ajoutant des raisons de ne pas désespérer. Sa foi dans le métier, sa passion, loin d'être ébranlées ont mûri dans l'épreuve. Rochot aime toujours le journalisme d'une façon plus réfléchie et plus grave qui force le respect.

Pierre VEILLETET

RWANDA

André Sibomana

Plus qu'un simple prêtre

Au début, avant tout, il y avait la vocation. La vocation de prêtre. C'était le destin de ce jeune garçon originaire d'une colline proche de Gitarama, dans le centre du Rwanda. C'est là que naquit la Ire République, celle du très catholique président Kayibanda : à l'ombre de l'évêché de Kapgayi, que d'aucuns appellent quelquefois le Vatican du Rwanda, fut rédigé en 1955 le Manifeste du Parmehutu, un document qui annonçait cette « révolution sociale » — sur base ethnique — qui allait fonder l'indépendance du Rwanda, assurer la promotion des Hutus et exclure les Tutsis, que le colonisateur avait transformés en fondés de pouvoir, en relais de son autorité.

Au début de cette Ire République, le bimensuel *Kinyamateka*, qui appartient à l'évêché de Kapgayi, est le fer de lance de cette « révolution sociale », en laquelle beaucoup, et entre autres les démocrates-chrétiens européens, voient une authentique œuvre de réhabilitation, de promotion d'un peuple opprimé. A l'époque, André Sibomana n'est encore qu'un jeune paysan originaire du centre du pays comme le président Grégoire Kayibanda. Lorsqu'il est ordonné prêtre en 1980, il se consacre d'abord à ses ouailles. En 1988, c'est son évêque qui décèle en lui cette acuité d'esprit, mêlée au goût de l'écriture, qui est la qualité première d'un journaliste, sans repérer pour autant l'indépendance et la force de caractère qui marquent également le jeune pasteur. En fait, Sibomana écrivait déjà dans

Kinyamateka, mais sous un faux nom, un secret que son évêque mit peu de temps à percer.

« Lorsque cette proposition m'a été faite, j'ai d'abord dit non, car je savais que cet engagement serait dur : les études à l'étranger, le travail au pays ensuite, dans un contexte de dictature. L'évêque insistait cependant, arguant que c'était important, qu'au retour je pourrais jouer un grand rôle sur le plan pastoral en reprenant *Kinyamateka*. Ce n'est qu'à sa troisième demande que j'ai fini par accepter. De toute façon, l'évêque se montrait tellement pressant que sa proposition était plutôt un ordre... »

La hiérarchie propose au jeune prêtre de faire un stage de formation en communication sociale dans ce qui s'appelait à l'époque l'Institut d'études sociales de Lyon, dépendant de l'Université catholique de cette ville. Après deux ans de cours communs, les futurs journalistes recevaient une formation beaucoup plus spécialisée. Ses études terminées, Sibomana fait un stage à Chambéry, dans un hebdomadaire départemental catholique, *La Vie nouvelle*, puis il rentre au pays où sa voie est toute tracée : il reprendra la direction de *Kinyamateka*, aux côtés de son vieux directeur, l'abbé Silvio, pour lequel le jeune prêtre déborde, aujourd'hui encore, d'admiration et de tendresse. « C'était vraiment un pionnier de la liberté de la presse, il avait cette faculté de déceler tout ce qui clochait, tout ce qu'il n'aurait pas fallu souligner ; c'est ce qui lui a attiré des ennuis. » En fait, si André Sibomana reconnaît que très tôt il « avait attrapé le virus » du journalisme, un virus qui ne devait plus le lâcher, il n'était cependant pas convaincu de devoir travailler à *Kinyamateka* : « Je connaissais trop bien les magouilles du système... et je me demandais si je devais vraiment m'engager dans ce truc-là. Le contrat cependant était clair, il fallait que je le fasse. »

Lorsque Sibomana revient au pays, il découvre un Rwanda qui a profondément changé au cours des dernières années : en 1973, le président Grégoire Kayibanda a été renversé par celui qu'il avait nommé en 1965 à la tête de l'armée. Un homme brillant sorti premier de sa promotion, Juvénal Habyarimana, originaire du nord du pays et dont

la femme, Agathe Kanziga, appartient à l'un de ces puissants clans hutus du Nord, que les Belges en 1930 avaient écartés au profit des seuls Tutsis. Lorsqu'il prend le pouvoir, Habyarimana s'élève contre les excès anti-tutsis, il veut interrompre le cycle des massacres qui marque la Ire République et il instaure une politique de quotas qui limite la promotion sociale et scolaire des Tutsis au prorata de leur pourcentage dans la population, soit dix pour cent environ. Répétant sans cesse sa volonté de développement, de paix, le président Habyarimana apparaît au début comme un modéré et il jouit de l'appui sans réserve des Occidentaux, d'autant plus que sa popularité au sein de la population rwandaise est bien réelle : les Tutsis voient en lui un modéré qui ne recourt pas systématiquement au massacre et qui admet la réussite de certains hommes d'affaires de leur ethnie tandis que les Hutus sont dominés par cet homme énergique et jovial, dont les beaux discours font l'admiration de tous. Mais lorsque André Sibomana est désigné pour se spécialiser en communication sociale, les débuts prometteurs du chef de l'État ne sont déjà plus qu'un souvenir : comme bon nombre de ses pairs africains, le président est demeuré trop longtemps au pouvoir. Il s'est laissé dominé par l'affairisme de sa belle-famille, tout le monde estime que le Rwanda vit une fin de règne. En outre, les paysans rwandais, qui sont des agriculteurs hors pair, ont fini par être rattrapés par la crise : la croissance démographique — encouragée par une Église qui s'allie à la tradition pour bannir l'usage des préservatifs — est telle que les terres indéfiniment partagées, cultivées jusqu'à l'épuisement des sols, sont trop petites. Dans bien des familles paysannes, la superficie cultivable se réduit à moins d'un hectare. Le prix du thé et du café a baissé de moitié sur les marchés mondiaux et le Rwanda, dès le milieu des années quatre-vingt, est talonné, comme les autres pays africains, par le Fonds monétaire et la Banque mondiale qui lui imposent l'ajustement structurel et préconisent la dévaluation d'un franc dont la force avait jusqu'à présent fait une monnaie de référence dans la région.

La détérioration de la situation économique, l'usure du

pouvoir entraînent un durcissement du régime, dont les privilégiés se crispent sur les acquis. C'est dans un contexte tendu qu'André Sibomana, une fois sa formation de journaliste, de communicateur achevée, rentre au pays. Il ne lui faudra guère de temps pour mesurer les risques du métier : en 1989, l'abbé Silvio est assassiné, après plusieurs tentatives infructueuses, dont l'une au sein même de la rédaction de *Kinyamateka*. Après plusieurs accidents « infructueux », la voiture de l'abbé sera écrasée par un camion « fou » dont on a soigneusement modifié les plaques.

C'est à ce moment que pour la première fois j'avais rencontré André Sibomana. L'abbé Silvio, le mentor, le modèle, venait de disparaître, et le jeune abbé, au regard plein de fougue, dénonçait, en vrac, l'assassinat des opposants, la famine qui sévissait dans le sud du pays sans qu'aucune instance officielle ne s'en soucie, les « animations » auxquelles devaient participer tous les fonctionnaires, dans la perspective de l'anniversaire du parti unique. Lorsque, nantie des informations de Sibomana, j'avais, à l'occasion d'une interview, interrogé le président sur les circonstances de la disparition de l'abbé Silvio, il s'était contenté de rire, d'un rire à la fois jovial et dangereux : « Chez vous aussi, il y a chaque week-end bon nombre d'accidents de voiture... » A l'époque aussi, Sibomana, qui avait repris le flambeau de *Kinyamateka* et rompait avec le journalisme de complaisance ou de compagnonnage longtemps pratiqué dans son pays, ne trouvait guère d'appui auprès de la hiérarchie : l'archevêque, Mgr Vincent Nsengyumva, était un ami intime de la famille du président et, jusqu'en 1990, il fit partie du comité central du parti unique, le Mouvement national pour la réconciliation et le développement, n'acceptant de démissionner qu'à la veille de la visite du pape au Rwanda. Les révélations publiées dans *Kinyamateka* par le courageux abbé Silvio ne plaisaient guère au prélat ; « il lui arrivait d'aller à l'imprimerie pour voler un texte ou le censurer », se souvient Sibomana. Ce dernier se rappelle qu'avant son retour de France le journal était dirigé par quelqu'un de beaucoup plus inoffensif et avait en conséquence perdu une bonne part de ses lecteurs, car il ne contenait plus aucune information dérangeante. « C'est lorsque ont paru nos premiers articles que les gens ont remarqué que quelque chose changeait, l'intérêt pour le journal alors a remonté la pente. »

Dès son retour au pays, Sibomana est détaché à temps plein à *Kinyamateka* et reçoit la responsabilité totale du journal, de son contenu, de son équipe.

Paradoxalement, alors que le bimensuel dépend totalement de l'évêché, l'Église du Rwanda, qui représente cependant une puissance temporelle non négligeable — elle est le premier propriétaire foncier du pays —, ne l'aide pas : « J'ai eu des problèmes au niveau financier, l'Église catholique ne m'a jamais donné un franc... Tout au plus ai-je pu utiliser l'imprimerie qui appartient elle aussi à l'Église catholique et ne m'a jamais empêché de paraître... La seule vraie difficulté, c'était de payer régulièrement le personnel, ou d'acheter du matériel de première nécessité. Mais cette relative indépendance financière m'arrangeait, car elle me permettait de ne rien devoir à l'Église. »

Dès le début, Sibomana s'est engagé à fond dans son nouveau métier. Il faut dire que la concurrence n'est pas grande : n'existaient à ce moment au Rwanda que le journal officiel *Imvaho*, l'agence rwandaise de presse et un autre hebdomadaire, *La Relève*, de même que le mensuel *Dialogue*, édité en français par les pères blancs.

« En arrivant, j'ai gardé le personnel que j'ai trouvé, me contentant d'organiser progressivement le départ des plus fainéants ou des plus malhonnêtes. Depuis mon retour, l'équipe de rédaction est restée stable, mais j'ai perdu un journaliste au cours du génocide, Sylvestre... »

Revenant de Lyon, Sibomana veut appliquer une conception simple du métier : « Notre rôle, c'est de chercher l'information, de voir si on peut la publier après l'avoir vérifiée... » Ses priorités sont évidentes : « Il faut accorder une attention particulière aux problèmes des droits de l'homme, de la justice ; dénoncer aussi tout ce qui est corruption. Quel que soit le régime en place... »

Une telle option ne manque pas de courage. En effet, la corruption atteint à l'époque son apogée : le régime trafique de la drogue, des armes et même des gorilles, dont le champion, Diane Fossey, est assassiné. Avec quatre journalistes seulement, Sibomana veut s'attaquer à tout cela, nettoyer, lutter en faveur de la vérité. Mais avec une équipe aussi réduite, avec des journalistes qui ne sont pas toujours très expérimentés, a-t-il les moyens de ses ambitions ? L'investigation prend tellement de temps et, au Rwanda, elle peut être tellement dangereuse...

Avec un grand rire, André Sibomana répond : « Lorsque je suis arrivé, je ne connaissais pas Kigali, je venais tout droit de ma province, de ma brousse, d'où j'étais allé à Chambéry, c'est tout. Je n'avais pas de relation en ville, je ne connaissais pas les réseaux, rien. Mais avec le recul, je pense que j'avais tout de même une santé solide, sinon une certaine inconscience. Aux quelques prêtres que je connaissais, j'ai dit : il faut que vous m'aidiez, voilà ce que je veux savoir...

« C'était une première piste. Puis les gens ont lu le journal, ont vu le changement de ton des éditoriaux, des articles. Ils ont alors pris des initiatives pour m'envoyer des informations, m'indiquant des pistes à suivre, des personnalités à contacter, c'est ainsi que mon petit réseau s'est constitué... A la veille du génocide, mes relations étaient telles qu'en moyenne quinze minutes suffisaient pour que je puisse être informé sur n'importe quel sujet, partout dans le pays, dans tous les ministères. Tous mes informateurs avaient eu l'occasion de vérifier que je pouvais être sérieux, discret et aussi prudent... »

En fait, lorsque Sibomana reprend en mains *Kinyamateka*, la société rwandaise est en pleine mutation : avant que n'éclate la guerre d'octobre 1990, la société civile s'est organisée, le réseau des organisations non gouvernementales (ONG) est devenu puissant. Si certaines d'entre elles sont des courroies de transmission du régime, d'autres, en revanche, représentent un véritable contre-pouvoir. C'est ainsi que la famine de 1989 qui frappa le sud du pays fut initialement dénoncée par des ONG, et c'est *Kinyamateka* qui révéla le scandale, relayant les enquêtes de terrain réalisées par ces ONG. Ces révélations avaient provoqué la colère du chef de l'État, Sibomana s'en souvient encore : « Nous avions publié des photos de personnes affamées, qui avaient bouleversé la population. » Un autre sujet avait provoqué la colère du président : *Kinyamateka* avait commencé à fouiller dans les comptes de certaines entreprises...

« Nous avions découvert que le président, ou sa femme, avait des actions dans un magasin d'alimentation qui était censé importer des denrées alimentaires destinées aux expatriés, alors que sur les bordereaux, en réalité, on découvrait l'importation de téléviseurs, d'antennes paraboliques... Les quotas de devises attribuées aux produits alimentaires étaient en fait détournés vers les produits de luxe. Par la suite, lorsque l'on nous a intenté un procès, nous avons présenté ces bordereaux devant le tribunal. Malheureusement, tous ces documents ont été perdus durant l'exode et le génocide. »

Autre thème sur lequel revient *Kinyamateka* : les inégalités d'accès à l'enseignement secondaire. En effet, les quotas en principe équitables et représentatifs — du rapport de force numérique — mis en place au début de la IIe République ont peu à peu été faussés : les possibilités de nomination dans la fonction publique, les places dans l'enseignement secondaire et plus encore les bourses d'études à l'étranger ont progressivement été confisquées par les gens du Nord, originaires des deux « préfectures bénies », celle de Gisenyi et celle de Ruhengeri, d'où sont originaires le chef de l'État et son épouse. Une telle discrimination n'indispose pas seulement les Tutsis qui sont depuis longtemps exclus du système, elle suscite l'hostilité croissante des Hutus du Centre et du Sud qui sont de plus en plus nombreux à rejoindre les partis d'opposition. Par la suite, certains d'entre eux gagneront même les rangs du Front patriotique qui s'est constitué en Ouganda. Mais à la fin des années quatre-vingt, on n'en est pas encore là : l'un des problèmes du Front patriotique, qui déclenche la guerre en octobre 1990, c'est qu'il ignore à peu près tout de ces mouvements de la société civile rwandaise, de la diversité des organisations non gouvernementales, de l'émergence de forces d'opposition, de plus en plus écoutées et qui forment les partis de l'intérieur. Ce n'est que bien des années plus tard que le dialogue s'instaurera et que seront menées les négociations se terminant par les accords d'Arusha, accords qui auraient dû en principe mettre fin à la guerre et sceller le partage du pouvoir.

Kinyamateka, qui dénonce, chiffres à l'appui, le déséquilibre et l'arbitraire dans l'attribution des bourses d'études, finit par se retrouver devant les tribunaux, assigné par le ministère public et le ministre de la Justice, à la demande du président.

En réalité, ce sont les révélations sur le trafic de la drogue qui ont réellement suscité la fureur du chef de l'État, qui se décide à inviter chez lui le redoutable abbé. Sibomana s'en souvient encore : « On me disait que le président était extrêmement fâché... Et pourtant, je n'avais pas tout publié, je gardais encore bien des dossiers par-devers moi... Le président a demandé à l'archevêque d'intervenir, pour que je cesse de publier de telles informations. De fait, lorsque l'archevêque m'a convoqué, il avait devant les yeux mon article, déjà publié et rageusement annoté de rouge. Il m'a dit que tous, "moi, le chef de l'État et Madame", nous avons trouvé que des articles étaient particulièrement inadmissibles... »

Il faut dire que ces articles avaient paru au moment où la foire aux gorilles s'était terminée sur un fiasco total. Les gorilles de montagne, une espèce rarissime, sont l'une des fiertés du Rwanda, l'une de ses principales attractions touristiques. Mais les gorilles sont également des animaux très convoités : l'un des beaux-frères du président, préfet du Ruhengeri, avait été accusé d'avoir vendu quelques précieux spécimens à des zoos américains et même d'avoir commandité l'assassinat de Diane Fossey. La belle-famille du président, en outre, mêlait hardiment trafic de gorilles et trafic de drogue... Sibomana, lui, avait écrit que « certains avions avaient servi à transporter de la drogue ». « Je savais, dit-il, que l'appareil qui faisait la liaison Washington-Paris, amenant au Rwanda des personnalités invitées à la foire aux gorilles, transportait de la cocaïne...

« En outre, je possédais un document dans lequel l'épouse du président remerciait l'organisateur de cette foire pour tous les services rendus à la famille. Malgré les preuves et les documents que j'avais pu fournir pour étayer mes thèses, l'évêque n'a pas décoléré. Lors de notre rencontre, cependant, l'évêque avait fini par dire qu'il ne fallait pas que l'on nous empêche de dire la vérité. Mais nous sommes restés un an sans plus nous parler, parce que j'avais refusé d'aller voir le président comme il le proposait, “autour d'un verre”. Comme journaliste, je ne voulais pas accepter cela. Moi, je ne voulais absolument pas aller trinquer avec le chef de l'État, d'autant plus que je le considérais comme responsable de la disparition des miens, c'est-à-dire les hommes politiques de la Ire République, pour la plupart originaires de Gitarama dans le centre du pays et dont Habyarimana organisa la disparition. Mais le prélat me harcelait... Finalement, comme je refusais de céder, on m'a fait un procès, on a requis contre moi, demandant qu'on me mette en prison. Mais je n'ai tout de même pas rencontré le président. Ce dernier m'avait fait dire qu'il me considérait comme l'ennemi numéro un non seulement de son régime, mais aussi de son système. Jamais il ne changea d'avis à ce propos. »

Sibomana se souvient encore de ce procès, qui fit date dans l'histoire de la presse au Rwanda : « J'étais soutenu non seulement dans mes accusations, mais sur le principe de la liberté de la presse, par tout un réseau d'amis dans le pays et à l'étranger, qui suivaient étroitement l'affaire et la relataient dans la presse. Pour un régime aussi soucieux de son image à l'extérieur, c'était très important. Plusieurs associations de journalistes, comme le Committee to Protect Journalists, une association américaine, se sont mobilisées à l'occasion de ce procès. Je ne dirai jamais assez à quel point cette démarche fut capitale pour moi : à l'époque, Habyarimana était bombardé de protestations, Amnesty International aussi était dans le coup, ainsi que certaines ambassades, les Belges, les Canadiens, les Suisses. Quant aux Français, je n'avais pas beaucoup de relations avec eux. »

C'est en fait par une astuce que Sibomana se tire de l'un des deux procès intentés contre lui : faisant constater que c'est l'archevêque qui est l'éditeur responsable de son journal, il s'arrange pour que le prélat soit appelé à comparaître ! Ce qui ne se fera jamais : à la veille de l'audience, l'archevêque découvre qu'une réunion importante l'oblige à se rendre à Rome !

L'audience suivante n'aura jamais lieu. Quant au deuxième procès, Sibomana plaide non coupable. Mais surtout, devant le tribunal médusé, il comparaît avec tous ses dossiers : « Je leur ai expliqué que non seulement je maintenais toutes mes accusations, mes révélations, mais que j'avais encore plus à dire, que j'étais prêt à le faire là même, en public, profitant de l'audience que me donnait le tribunal. J'avais avec moi tout un sac plein de documents et la foule était nombreuse : les gens attendaient jusque dans la rue... J'ai commencé, preuves à l'appui, à raconter comment des gens avaient été enfermés et étouffés dans une prison, et comment le directeur de cette prison avait été décoré par la suite. La perspective que je poursuive mes récits, y compris en racontant les assassinats imputables au chef de l'État, a effrayé tout le monde. Le président du tribunal était tellement affolé par certaines révélations, qui touchaient au cœur même du système, qu'il ne voulait plus rien entendre. En effet, il était question de bourgmestres qui avaient arraché les yeux des gens, planifié des assassinats, caché des charniers. Le tribunal avait cependant reçu comme instruction de me mettre en prison pour six mois au moins. Après que j'ai eu parlé et commencé mes révélations, les gens ont fait irruption dans le tribunal, avec des bâtons, des pierres, des machettes. Ils criaient tous : "Ce qu'il a dit est juste et nous le soutenons..." La séance alors a été suspendue car les juges avaient peur des réactions du public. J'ai attendu pendant quarante-cinq minutes et le juge a finalement déclaré que l'infraction qui était reprochée à *Kinyamateka* ne relevait pas du tribunal de première instance, mais de la cour de sûreté de l'État. Autrement dit, il y a eu non-lieu. »

A l'expiration de son premier mandat de trois ans à la

tête de *Kinyamateka*, pendant lequel il réussit à faire monter le tirage, Sibomana, conscient des risques croissants et peut-être un peu fatigué, propose à ses supérieurs hiérarchiques soit d'accepter son départ, soit de le confirmer officiellement à la tête du bimensuel. Dans un premier temps, répondant ainsi à une requête du président, les évêques lui demandent de quitter *Kinyamateka*.

Une telle décision était cependant difficile à appliquer, parce que *Kinyamateka* est devenu un journal de référence, dont le public attend la sortie avec impatience et fidélité. Sibomana attire alors l'attention des évêques sur le danger que représente son éviction : « Tout le monde va comprendre que vous avez agi sur ordre du président... » L'argument porte et finalement le mandat de l'abbé est reconduit pour une durée de trois ans. Il faut dire qu'entre-temps le public s'est manifesté et qu'une campagne de signatures a mobilisé l'opinion.

Pionnier du journalisme d'investigation dans l'un des pays les plus secrets du monde, Sibomana est aussi considéré comme le mentor des « nouveaux journalistes » qui travaillent dans cette presse libre qui apparaît dans la foulée du multipartisme, décrété en 1990, après le déclenchement de la guerre.

C'est alors que se crée l'Association des journalistes rwandais. « C'est aussi une réaction de colère qui nous a poussés », se souvient Sibomana. A cette époque, Ferdinand Naahimana, qui dirigeait l'ORINFOR, l'Office rwandais de l'information [1], avait rassemblé tous les journalistes du pays et leur avait expliqué qu'en cette période de guerre, où le Rwanda était agressé de l'extérieur, la priorité était de soutenir le gouvernement, de faire un effort patriotique... Il voulait que nous passions tout de suite au vote et, pour être sûr de sa majorité, il avait convoqué des chauffeurs de l'ORINFOR, pour qu'ils votent aux côtés des journalistes... Dès que nous avons constaté cela, sans même nous être concertés, tous les journalistes qui s'estimaient

1. NDLR : plus tard Naahimana deviendra le fondateur et l'idéologue de la sinistre *Radio des mille collines*.

opprimés par le système, et qui avaient eu des ennuis, ont décidé de se retirer de cette assemblée où les dés étaient pipés, et de faire autre chose. Moi, qui étais considéré comme leur aîné, je leur ai dit que je ne pouvais accepter d'être ainsi manipulé, qu'il n'y avait pas de dialogue possible... Tous ceux qui venaient de la presse dite libre se sont alors réunis dans les locaux de *Kinyamateka*. Nous nous sommes dit : si on ne se met pas ensemble tout de suite, ils vont nous tuer... Je me suis retrouvé président de cette association, et bien souvent j'ai dû aider des journalistes en difficulté. C'est ainsi que j'en ai même caché certains dans les locaux de mon journal, lorsqu'ils étaient recherchés par le pouvoir. Les pères blancs ont également gardé des journalistes durant plus d'une semaine. »

Le régime, qui se durcissait au fur et à mesure que la guerre faisait des ravages, que l'opposition intérieure s'enhardissait, avait évidemment mis sur écoute le téléphone de Sibomana. « Comme je le savais, car c'était le responsable des services de renseignements qui me l'avait dit lui-même, je leur avais répondu que, puisqu'ils m'écoutaient de toute manière, j'allais en profiter pour les insulter, afin qu'ils sachent ce que je pense. Quant aux informateurs, je m'arrangeais évidemment pour les rencontrer ailleurs. »

C'est qu'entre-temps Sibomana est devenu plus qu'un simple prêtre, qu'un simple journaliste : il a fondé, avec d'autres militants, l'Association pour la défense des droits de l'homme (ADL), qui l'amène à multiplier des enquêtes sur le terrain. « Nous allions même dans la forêt, et nous découvrions des fosses communes. A l'époque déjà, je sommais le régime d'expliquer aux Rwandais ce qui se passait dans ce pays, pourquoi on entassait les gens dans des trous... Les responsables niaient mes accusations, allant jusqu'à affirmer qu'il s'agissait d'anciens ossements ! Pour prouver mes dires, j'ai même dû ramasser un crâne, dans un bois où il y en avait plusieurs centaines, et le laisser dans mon bureau. Mon coffre, où se trouvait ce crâne, a été découvert par les *interahamwe*, ce qui a fait toute une histoire : les miliciens m'ont accusé de pratiques magiques... »

Sibomana se souvient avec émotion d'une autre enquête : la visite qu'il fit au stade de Kigali, le 18 octobre 1990, alors que la guerre venait d'éclater et que, sur la base de listes, plusieurs milliers de personnes avaient été arrêtées en quelques heures. « La visite au stade avait été organisée à la demande de plusieurs diplomates qui s'inquiétaient du sort des détenus, contre lesquels aucune charge n'avait été retenue. » Au lieu de se contenter du parcours officiel, déjà très impressionnant cependant, Sibomana s'écarte du groupe et « après avoir vu beaucoup de personnes que je connaissais, qui portaient des traces de coups, j'ai cherché ceux qui, d'après ce que je savais, avaient été torturés. Un détenu m'a alors emmené dans un coin de la prison. Au premier abord, j'ai cru que je découvrais là un tas de couvertures entassées. En fait, sous cet amoncellement de tissus, il y avait des moribonds enchevêtrés. Un spectacle d'horreur, yeux arrachés, tibias fracassés, dos lacérés à la baïonnette. De tout cela, j'ai pris des photos dont la publication par la suite a fait scandale. Mais les gens du régime, eux, disaient que les torturés étaient des *inkotanyi*, des gens du Front patriotique, et que moi-même j'étais leur complice. D'ailleurs, jusqu'à la fin, jusqu'au jour où l'avion présidentiel a été abattu, on m'a toujours considéré comme un agent du FPR, un allié objectif de l'ennemi. Ce qui a toujours représenté un danger pour moi... Le paradoxe, c'est qu'aujourd'hui, après que j'ai été l'adversaire numéro un du régime précédent, on me considère comme un allié des extrémistes... ».

Sibomana ne s'étonne pas de cette réputation : « *Kinyamateka* était très critique à l'égard de l'ancien régime et je ne vois pas pourquoi il nous faudrait changer d'attitude aujourd'hui. C'est ainsi que nous avons publié des reportages très durs relatant la situation dans les prisons, et qui n'ont pas plu à tout le monde. »

Comme tous les membres de l'opposition intérieure, Sibomana, dès l'attentat contre l'avion de Habyarimana, a su qu'il était une cible privilégiée des tueurs. D'ailleurs, lui, cet homme si bien informé, l'attentat ne l'a pas surpris outre mesure : « Il y avait plusieurs semaines que je savais que le président était considéré comme un traître par son entourage et que sa fin était proche. C'était un secret de Polichinelle. Je savais aussi que des listes circulaient, que des plans d'élimination étaient en préparation. Durant les heures précédant l'attentat, j'aurais dû me rendre compte que quelque chose se tramait. Mais cette journée-là, je l'ai passée à m'occuper du cas de Monique M., une militante des droits de l'homme, qui venait d'apprendre par un militaire de ses amis qu'il était question de l'éliminer cette semaine-là. Lorsque, le matin du 7 avril, j'ai vu ce qui se passait, tout de suite j'ai compris et décidé que Kigali était trop dangereux pour moi. Sans attendre, je me suis alors replié vers ma paroisse d'origine, près de Gitarama. Là au moins les gens me connaissaient et j'avais l'impression qu'ils me protégeraient en tant qu'enfant du pays. J'ai donc quitté Kigali le 12 avril et, après être passé par Gitarama, je suis rentré chez moi. Dans ma paroisse, les étrangers étaient partis et je suis resté seul avec un prêtre ougandais. Les gens de chez moi ne voulaient pas tuer, mais on leur envoyait des miliciens depuis Kigali qui les qualifiaient de traîtres et les obligeaient à suivre le mouvement. »

Lorsque, dans sa préfecture aussi, les massacres se déclenchent, c'est le prêtre, plus que le journaliste, qui entre en action : « Chaque nuit, je cachais dans les locaux de la paroisse des Tutsis en fuite. Un soir, alors que je disais la messe, on vint m'annoncer que des Tutsis blessés, fugitifs, se trouvaient dans les latrines. De fait, cinq d'entre eux, dont un jeune homme dont le crâne était déchiré par les pierres et une jeune fille dont le pied s'était empalé sur les ossements d'autres victimes, étaient tapis là. Je déclarai alors à mes paroissiens que je ne pouvais plus continuer à dire la messe, qu'il fallait tout interrompre. Le sacristain est alors allé chercher les survivants, les a lavés tant bien que mal dans une fontaine, et ils sont revenus tout nus, car leurs vêtements étaient imprégnés de crasse.

« J'ai soigné les blessés comme je le pouvais, recouvert de gaze le crâne déchiré du garçon, obligé tout le monde à manger quelque chose. Ensuite, je leur ai dit que rester chez moi, c'était trop dangereux, parce que, le matin, les miliciens allaient certainement venir les chercher. En pleine nuit, nous nous sommes alors mis en marche en direction des lignes du FPR. Moi, j'ouvrais la marche, un autre prêtre fermait le cortège. J'avais décidé que, de toute manière, si on nous attaquait, nous allions nous battre : pas question de nous laisser éliminer comme des agneaux. Finalement, l'opération a réussi : lorsque nous sommes arrivés en face des lignes des *inkotanyi*, je leur ai dit d'avancer, qu'ils seraient sauvés. Moi, je suis retourné dans la paroisse, auprès des miens. Je n'ai pas voulu franchir le pas, et me réfugier auprès du FPR, car je savais que j'avais mauvaise presse auprès de lui. Et cela pour une raison très simple : alors que l'on me croyait disparu, Radio France International avait diffusé un message de l'Élysée demandant que ma vie soit épargnée. Cette intervention française, alors que Paris avait tellement soutenu l'ancien régime, a suffi à faire de moi un suspect... »

Après être resté dans sa paroisse, Sibomana se replia lui aussi dans la zone Turquoise, mise en place par les Français. Il refusa de suivre l'exode vers le Zaïre : « Je savais que là-bas j'allais retrouver, en plus des miliciens, tous les responsables de l'ancien régime que j'avais tant combattus. C'était beaucoup trop dangereux et après la fin de la guerre, je suis donc revenu vers Gitarama. »

Là, le prêtre a retrouvé une église meurtrie, en crise profonde. Tout de suite, Sibomana a voulu célébrer une messe dans son église. « Il n'était pas question de m'interdire quoi que ce soit », dit-il.

Depuis lors, Sibomana est devenu bien plus qu'un curé de paroisse : vu le manque d'effectif d'un clergé local décimé et divisé, vu le départ de nombreux prêtres étrangers, il a été nommé administrateur de Kapgayi, ce qui équivaut, sinon au titre, du moins à une fonction d'évêque. La tâche est lourde pour celui qui se considère plus comme un journaliste que comme un dignitaire de l'Église : « Je garde la direction de mon journal, et je fonctionne grâce au fax, au télex, je maintiens un contact régulier avec mes journalistes. Mais la tâche pastorale est aussi extraordinairement lourde : l'Église, à travers tout le pays, entreprend des rituels de réconciliation, mais surtout, elle attire l'attention des gens sur les fautes commises, sur la nécessité de réparer. C'est ainsi que ceux qui le souhaitent peuvent s'entretenir avec le prêtre : il ne s'agit pas réellement d'une confession, mais d'un échange. La confession vient par la suite, lorsqu'il y a la volonté de réparation. Le prêtre parfois peut se faire l'intermédiaire entre les victimes et les assassins. Par exemple, il peut être chargé de remettre quelque argent, ou une vache, à des gens dont les proches ont été tués. C'est très dur et parfois des prêtres craquent sous le poids des terribles aveux qu'on leur confie et dont ils ne peuvent rien dire à personne. »

Aujourd'hui, André Sibomana souhaiterait redevenir journaliste à temps plein, continuer à exercer une fonction critique par rapport au nouveau régime, quels qu'en soient les risques, tout en demeurant prêtre. Mais l'Église meurtrie de son pays a aussi besoin d'hommes de sa trempe, placés à des postes de responsabilité. Malgré son désir, ce n'est pas facilement que le « presque évêque » retrouvera sa liberté de journaliste à part entière...

Colette BRAECKMAN

SYRIE

Salama Georges Kila

Les morts-vivants des prisons

Salama Georges Kila a été arrêté par hasard. Ou par malchance. Ce journaliste et écrivain d'origine palestinienne vivant en Syrie avait des contacts avec les Comités de défense des libertés démocratiques et des droits de l'homme en Syrie (CDF), mais le gouvernement syrien l'ignorait. C'est à la suite de l'arrestation d'un militant d'un petit parti de l'opposition démocratique syrienne, le Parti d'action communiste, qu'il avait hébergé pendant quelques nuits chez lui, que Salama Georges Kila a été arrêté, le 12 mars 1992 : torturé, son ami avait lâché l'adresse et le nom de Kila. Immédiatement, les agents des services de sécurité procédèrent à une perquisition à son domicile, et y auraient découvert des documents « séditieux ». Arrêté, torturé, jugé — ce qui n'est pas le cas, loin de là, de tous les prisonniers politiques syriens —, Salama Georges Kila a déjà passé trois ans dans les prisons syriennes.

Né en 1955 dans une famille chrétienne de Bir Zeit, en Cisjordanie, Salama Georges Kila y a fait ses études universitaires (sociologie, histoire) avant d'obtenir un diplôme de troisième cycle à Damas. Journaliste, il collabore à plusieurs journaux (*Al Wahda al Arabia* — « L'Unité arabe » ; et *Dirasat Arabia*) et publie deux livres (*Les Arabes et la question nationale* ; *L'Héritage et le futur*). Ne militant dans aucun parti, il entretient cependant de bonnes relations avec les personnalités de la gauche syrienne (dans l'opposition, ou proches du pouvoir) et de la gauche palestinienne. Il suit de près, de trop près peut-être, la fondation des CDF en 1989 · neveu d'un leader palestinien proche du pouvoir syrien, Salama Georges Kila se croit à l'abri du danger... C'est le 10 décembre 1989, à l'occasion du quarante et unième anniversaire de la Journée internationale des droits de l'homme célébrée pour la première fois par l'ONU en 1948 qu'un certain nombre de personnalités indépendantes syriennes annoncent, dans un tract distribué à Damas, la fondation des Comités de défense des libertés démocratiques et des droits de l'homme en Syrie.

La plupart de ces militants appartiennent aux diverses minorités vivant en Syrie : alaouites, druzes, chrétiens, kurdes et ismaélites ; ces démocrates laïques refusent, comme le dit le docteur Manna, de « choisir entre la peste (le régime du président Assad) et le choléra (l'opposition islamique) ». Pour mieux lutter contre les excès du pouvoir, les CDF se veulent une organisation indépendante des partis : se démarquant de l'Organisation arabe des droits de l'homme, qui, disent-ils, sert parfois de paravent aux opposants de certains pays, les fondateurs des CDF décident donc que les membres du bureau ne pourront pas militer dans un parti politique... La coordination des CDF est assurée par un secrétariat général provisoire de cinq membres, élu en janvier 1990, qui comprend notamment Aksam Nouaissé, un avocat alaouite de Lattaquié, porte-parole des CDF ; Haytham Manna et Naïsse Hayat, deux médecins vivant en France ; et deux autres personnes qui ont été arrêtées avec Aksam Nouaissé en décembre 1991.

Pendant deux ans, les CDF avaient réussi à fonctionner sans attirer la répression des autorités, avec un ordinateur, un fax et un modem. Les CDF publiaient et diffusaient le texte arabe de la Déclaration universelle des droits de l'homme ; et un bulletin, *La Voix de la démocratie*. Mais en décembre 1991, une semaine après la distribution d'un tract célébrant la Journée mondiale des droits de l'homme, le 10 décembre, les services secrets syriens lancent une rafle sans précédent dans les milieux soupçonnés d'abriter des militants des droits de l'homme : 150 personnes sont interpellées. Certaines sont détenues une heure ou deux,

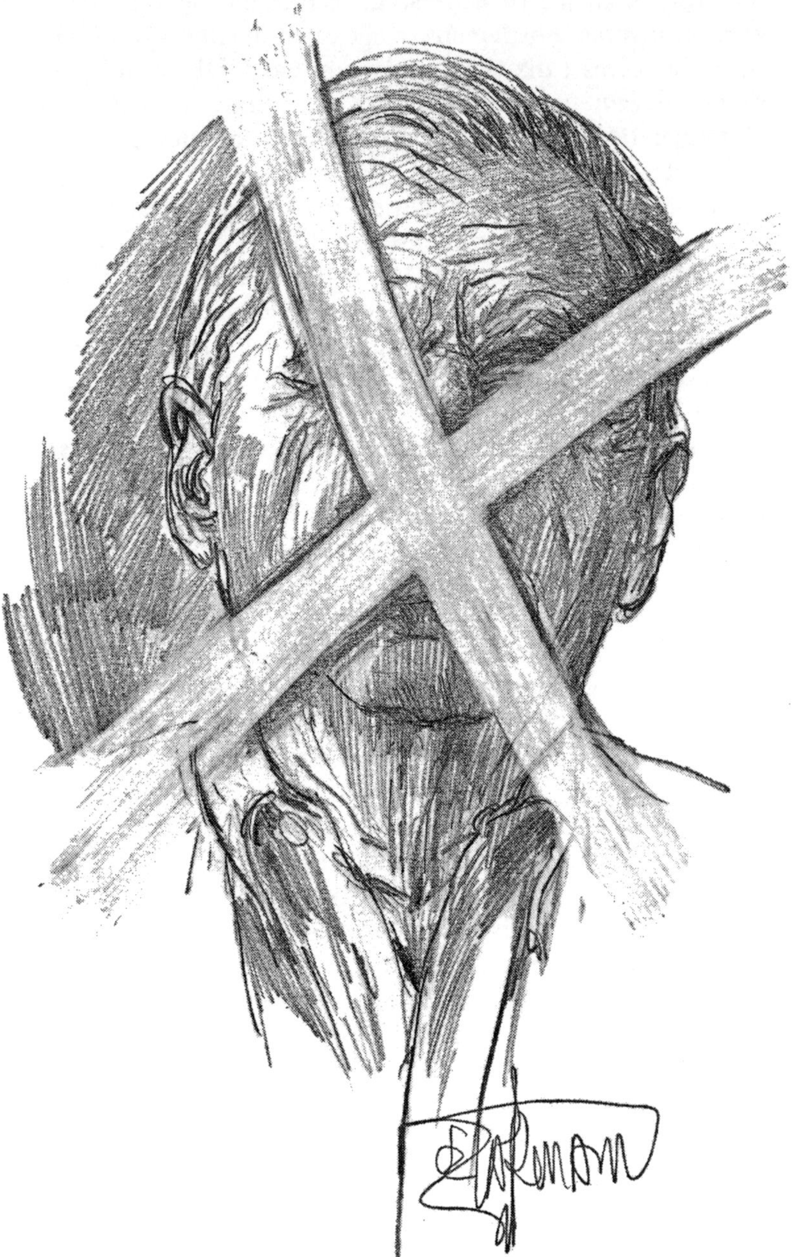

d'autres vingt-quatre heures. La campagne de répression dure trois mois. Finalement, vingt et un membres des CDF sont incarcérés : dix-sept fondateurs des CDF seront présentés devant un tribunal, qui se réunit à partir du 29 février 1992, tandis que quatre seront « oubliés » au centre d'interrogation militaire !

Ces « oubliés » seront jugés en 1993 ; condamnés à deux ans de prison, ils seront libérés en octobre 1994... Tous sont torturés. Aksam Nouaissé, le porte-parole des CDF, est particulièrement maltraité : il subit pendant seize jours la torture du « fantôme » (suspendu par les pieds) et de la « chaise allemande » (le dossier s'incline vers l'arrière pendant que le prisonnier est frappé, entraînant l'asphyxie et des lésions de la colonne vertébrale). Souffrant de paralysie partielle des jambes, il est transféré dans un hôpital militaire ; et quand il comparaît devant la Cour suprême de sécurité d'État, le 17 mars 1992, pour entendre le verdict avec les seize autres inculpés, il ne peut marcher ou se tenir debout seul, et ses camarades doivent le soutenir (c'est également le cas d'un autre inculpé, Nizar Naif). Aksam Nouaissé et neuf de ses collègues des CDF sont condamnés à des peines de prison avec travaux forcés allant de cinq à dix ans ; quatre sont condamnés à des peines de prison de trois ans, et trois sont acquittés. C'est un verdict particulièrement sévère. Mais, comme le remarque Asma Khader, une avocate jordanienne mandatée par le Centre pour l'indépendance des juges et des avocats, une organisation affiliée à la Commission internationale des juristes, ce procès ne respectait pas les normes du droit international, notamment en ce qui concerne le droit d'appel, la publicité du procès, le respect des droits de la défense ; et les allégations de torture subies par les inculpés n'ont fait l'objet d'aucune enquête.

Salama Georges Kila est arrêté deux semaines après ce verdict — trop tard évidemment pour être jugé avec le premier groupe des fondateurs des CDF. Il fera partie d'un nouveau « paquet » d'inculpés — ils sont 515 en tout — comprenant un certain nombre de militants du Parti d'action communiste, mais aussi des indépendants. Comme tous les suspects arrêtés par les services spéciaux syriens, Salama Georges Kila est torturé pendant les premiers jours de sa détention au centre d'interrogatoire militaire : « Cela fait partie de leur méthode, remarque Haytham Manna, il faut humilier les gens, les briser, les convaincre de leur faiblesse : cela fait partie de la réputation de la maison ! » Selon Haytham Manna, tous les prisonniers sont ainsi systématiquement torturés — à l'exception, depuis quelque temps, des femmes : « Ils ont peur des réactions familiales. »

Sur ces 515 inculpés, 168 ont été libérés ; 160 ont été condamnés à des peines allant de huit à quinze ans ! Et un peu moins de 200 attendent encore de passer en jugement. Parmi eux, Salama Georges Kila a relativement de la chance, car il n'est pas poursuivi pour crime contre la sécurité de l'État, mais uniquement pour avoir caché des malfaiteurs ; et le procureur n'a requis que trois ans contre lui. Mais le verdict ne lui a jamais été signifié ! Détenu au début à la prison d'Adra, sur la route de Homs, Kila vit aujourd'hui à la prison de Sednaya, considérée comme une « prison modèle ».

Les quelque 4 600 prisonniers politiques détenus dans les geôles syriennes sont répartis dans quatre prisons principales : les prisons de Palmyre, Mezzé, Adra et Sednaya — auxquelles s'ajoutent un certain nombre de « centres d'interrogatoires » secrets.

La prison de Tadmour à Palmyre, longtemps la prison des Frères musulmans (c'est là que furent massacrés environ 550 détenus Frères musulmans en novembre 1980, après une tentative d'assassinat contre le président Assad) : environ 2 000 détenus (elle en a contenu jusqu'à 5 000). C'est de loin celle où les conditions de détention sont les plus inhumaines. Le rapport annuel (1994) de la Fédération internationale des Ligues des droits de l'homme (FIDH) décrit longuement ces conditions : enfermement dans de petites cellules, pleines d'excréments ; prisonniers dormant à même le sol sur du ciment, avec une couverture pour toute literie ; alimentation de très mauvaise qualité ; état de santé déplorable : la plupart des prisonniers souffrent de lésions de la colonne vertébrale, de tuberculose, de troubles de la vision, sans mentionner des troubles psychologiques graves.

La prison de Sednaya : 1 000 détenus politiques et quelques centaines de droit commun. Selon le bulletin des CDF, c'est une « véritable forteresse » ayant la forme d'un triangle de trois étages comprenant 180 dortoirs pouvant accueillir un maximum de 22 prisonniers chacun, soit au total entre 3 000 et 4 000 détenus. La prison comprend aussi un théâtre (!), une bibliothèque et un restaurant... qui ne fonctionnent pas. Pendant la journée, les prisonniers peuvent marcher dans les couloirs ; et, une ou deux fois par semaine, ils peuvent sortir et s'aérer dans une petite cour. Ils peuvent jouer aux cartes ou aux échecs, et lire les quotidiens de la presse officielle. Comme dans les autres prisons, les détenus dorment à même le sol, enroulés dans une couverture. Les CDF reconnaissent une « amélioration générale » des conditions de détention dans cette prison, « imputable sûrement à la campagne internationale pour les droits de l'homme ». L'alimentation y est correcte, plus ou moins identique à celle des soldats de l'armée syrienne. Cependant, lorsqu'un prisonnier est malade, il dépend pour les soins des médecins prisonniers ; et les familles doivent apporter les médicaments. Les cas graves sont transférés dans des hôpitaux militaires, dans des cellules spéciales où les traitements restent rudimentaires. Aksam Nouaissé, le porte-parole des CDF, qui souffrait d'une paralysie des jambes à la suite des tortures infligées pendant son interrogatoire, a finalement récupéré l'usage de ses jambes... grâce aux soins d'un médecin emprisonné (un Frère musulman) qui partageait sa cellule : il lui a notamment fait faire quotidiennement les exercices de rééducation qui permettent aujourd'hui à Aksam Nouaissé de marcher normalement.

Les autres prisons réservées aux politiques sont celles d'Adra (environ une centaine de politiques) et celle de Mezzé (environ 500 prisonniers politiques), dans la banlieue de Damas. En outre, un peu plus d'un millier de prisonniers sont détenus dans divers centres d'interrogatoires plus ou moins répertoriés par Amnesty International et les autres organisations de défense des droits de l'homme...

La prison d'Al Hasaka, où un incendie le 24 mars 1993 entraîne la mort de 57 détenus dont 4 prisonniers politiques.

La prison de Mezzé, construite par les Français à l'époque du mandat : 500 prisonniers politiques. C'est le « mouroir » syrien. C'est là que sont détenus, avec divers opposants baasistes syriens ou irakiens, des Palestiniens et des Libanais, les « martyrs » du régime du président Assad. Quel autre nom peut-on donner à ces détenus qui sont incarcérés depuis plus de vingt ans pour certains — et qui meurent en prison, ou juste après leur libération. Avec le Maroc de Hassan II, et comme l'URSS des goulags et l'Iran du chah, la Syrie du président Assad fait partie de ces régimes qui n'hésitent pas à incarcérer leurs opposants à vie dans des conditions monstrueuses. L'histoire tragique de trois de ces détenus qui n'ont jamais été jugés — Noureddine Atassi, Saleh Jedid et Riad al-Turk — illustre le mépris total du président Hafez et de ses comparses pour les droits de l'homme les plus élémentaires.

Noureddine Atassi

Le calvaire de Noureddine Atassi, ancien président de la République, s'est achevé en France à l'hôpital américain de Neuilly où il est mort le 5 décembre 1992, après avoir été emprisonné pendant vingt-deux ans !

Né en 1929, Noureddine Atassi fait ses études de médecine à l'université de Damas, où il devient vite le responsable de la section étudiante du parti Baas. Il est emprisonné une première fois pendant six mois à Palmyre par le président Chichakli, puis à nouveau quatre mois dans la vieille citadelle de Damas. Après avoir obtenu son diplôme en 1956, il se spécialise (chirurgie) et part ensuite en 1958 rejoindre le FLN à la tête d'un groupe de médecins syriens, dans un camp à la frontière tunisienne. De retour en Syrie, il ouvre un cabinet à Homs, où il exerce la médecine jusqu'au coup d'État du Baas de février 1963 : il devient alors ministre de l'Intérieur, puis vice-Premier ministre et membre du commandement régional (syrien) du Baas. Après le second coup d'État de 1966, il devient président de la République et secrétaire général du Baas, fonctions qu'il cumule avec celles de Premier ministre en 1968.

La prise du pouvoir par Assad met un terme à sa carrière. Le Dr Atassi est d'abord placé en résidence surveillée : pendant un mois, des officiers défilent dans sa maison et lui demandent de collaborer avec le nouveau régime, ce qu'il refuse obstinément. Un jour, ces officiers viennent le chercher en lui disant que le général Assad veut le voir : il monte avec eux dans une voiture... qui le conduit directement à la prison de Mezzé ! Il y est enfermé pendant deux ans dans l'isolement le plus total : sa femme finit par apprendre indirectement où il est détenu, et réussit au bout d'un an à lui faire parvenir une valise de vêtements...

Au bout de deux ans, le Dr Atassi et seize autres dirigeants du Baas emprisonnés en même temps que lui sont regroupés dans un « quartier » de la prison de Mezzé : quatre cellules donnant sur un couloir, avec des toilettes, et une petite pièce servant de réfectoire.

Comme tous les prisonniers, le Dr Atassi était terriblement intransigeant sur tout ce qui touchait à sa dignité : l'officier surveillant la visite de sa femme ayant une fois interrompu leur conversation sans raison, il a refusé pendant deux mois de voir sa femme, et il a fallu que sa famille déploie des trésors de diplomatie pour le convaincre de revenir sur sa décision...

La vie quotidienne à l'intérieur des cellules, ou du groupe, n'était pas toujours facile : les divergences idéologiques étaient exacerbées par l'inaction et la promiscuité : le Dr Atassi et Saleh Jedid ne s'adressaient pratiquement pas la parole !

C'était l'enfermement le plus total — mais il faut préciser qu'à la différence de tous les autres prisonniers syriens, ces grands dignitaires du Baas n'ont jamais été torturés ou malmenés. C'était la Bastille — avec la mort comme seule issue.

En 1980, le général Assad, qui essayait alors de négocier avec son opposition, fait élargir le Dr Atassi, qui cherchait de son côté à négocier la libération des dirigeants historiques du Baas syrien : le Dr Atassi est placé en résidence surveillée dans une villa, où il vit avec sa famille ; ce sont des retrouvailles extraordinaires avec sa femme, son fils (douze ans) et sa petite fille (dix ans) qui avait trois mois au moment de son arrestation ! Il peut, pendant ces longs mois, raconter à sa femme quelle a été sa vie à Mezzé...

Il peut aussi recevoir des amis, qui doivent simplement signer un registre tenu par les policiers surveillant la villa. Le général Mohammed el-Khouly, qui dirigeait alors les services spéciaux de l'armée de l'air syrienne, venait le voir une fois par semaine pour négocier avec lui, au nom d'Assad, les conditions d'une libération : ou le Dr Atassi renonçait à la politique, ou il devenait Premier ministre d'Assad, ou il faisait une déclaration en faveur d'Assad à la télévision...

Comme le Dr Atassi n'acceptait aucune de ces formules, un soir, le général Mohammed el-Khouly lui a dit : « Eh bien, si c'est comme ça, vous repartez directement en prison ! » Une voiture est venue le chercher, et sa femme a eu quinze minutes pour évacuer la villa ! C'était en octobre 1980, après la signature du traité d'amitié avec l'Union soviétique : le général Assad n'avait plus rien à craindre de son opposition...

Le Dr Atassi était l'un des mieux informés de ce qui se passait à l'intérieur et à l'extérieur de la prison. En 1982, quand plusieurs cellules ont été brusquement vidées de leurs détenus, des islamistes, il a compris (et fait savoir) qu'ils avaient tous été exécutés. Il a été le témoin des horreurs qui étaient le lot quotidien des « résidents » de Mezzé, entendant les hurlements de ceux que l'on torturait ; soignant un prisonnier qui resta cinq ans en prison après être devenu aveugle ; impuissant devant la folie de certains : en 1991, quand eurent lieu les premières libérations, un officier fit dans la cour l'appel de ceux qui allaient être libérés, après avoir été coupés du monde pendant dix ans. Il appela par erreur un prisonnier, un ancien journaliste, puis, se rendant compte qu'il s'était trompé, il lui dit :

« Non, pas toi... retourne là-bas. » Le pauvre malheureux devint fou.

En 1992, le Dr Atassi et ses camarades étaient devenus les plus anciens résidents de Mezzé : ils étaient la mémoire de la prison, ils avaient plus d'ancienneté que les plus anciens des gardiens — le coiffeur, qui après avoir passé vingt ans à Mezzé, était parti à la retraite en 1990. Soudain en mai 1992, sa femme fut appelée au téléphone par un officier de la sécurité qui lui dit : « Votre mari est à l'hôpital... vous pouvez lui rendre visite. » Le Dr Atassi avait eu une crise cardiaque, et souffrait aussi d'un « polype » à l'œsophage.

Mais le calvaire du Dr Atassi n'était pas terminé : malgré l'insistance de sa femme, malgré l'intervention de personnalités étrangères (en particulier d'Ali Kafi, président de l'Algérie avant l'arrivée au pouvoir du général Zeroual), aucun médecin privé ne put l'examiner ni le soigner : en fait, son « polype » était un cancer ; et c'est seulement quand les dirigeants syriens furent convaincus qu'il était sur le point de mourir qu'il fut libéré et put rentrer chez lui. Autorisé au dernier moment à aller se faire soigner en France, il est hospitalisé à l'hôpital américain de Neuilly dans un état semi-comateux. Les médecins qui le reçoivent sont horrifiés devant son état. Il meurt le 5 décembre 1992. Son corps est rapatrié en Syrie, mais sa famille ne peut organiser ses funérailles comme elle le souhaitait : jusqu'au bout, son corps a été prisonnier de l'État policier syrien.

Saleh Jedid

Saleh Jedid est né en décembre 1929 dans un petit village de la région de Homs dont son père, un alaouite, était le maire ; il commence tout d'abord des études de médecine, tout en militant dans le parti Baas ; mais ses camarades lui demandent de changer de carrière et de s'inscrire à l'école militaire de Homs : le parti a besoin de représentants dans l'armée.

Son sort est scellé. Il fait une assez brillante carrière, et, promu lieutenant-colonel, devient chef d'état-major de l'armée syrienne après le coup d'État du Baas du

8 mars 1963, fonction qu'il exercera jusqu'en 1965, quand le général-président Amine al-Hafez l'en écarte.

Le putsch sanglant du 23 février 1966 écarte les modérés : le Dr Atassi devient chef de l'État et secrétaire général du Baas ; Saleh Jedid, qui avait été promu général, démissionne aussitôt de l'armée et devient secrétaire général adjoint du Baas, tandis qu'un autre alaouite, le général Hafez al-Assad est nommé ministre de la Défense. Saleh Jedid, qui contrôle l'appareil du parti Baas, les milices palestiniennes de la Saïka et l'Armée de libération de la Palestine, croit tenir le vrai pouvoir. Mais le général Assad, qui dirige déjà l'armée, prend successivement le contrôle des milices du Baas (1968), des services de sécurité (1969) et des milices palestiniennes (1970). Le putsch « blanc » — contrairement aux nombreux coups d'État sanglants qui ont précédé, il s'effectuera sans qu'un seul coup de feu soit tiré — du 13 novembre 1970 lui permet d'accéder au pouvoir suprême, un pouvoir qu'il détient toujours un quart de siècle plus tard !

Arrêté au siège du parti Baas par des militaires le jour du coup d'État, le général Saleh Jedid est conduit directement à la prison de Mezzé, sans pouvoir prévenir sa famille. Il n'en sortira que dans un cercueil, le 19 août 1993, après avoir passé près de vingt-trois ans en prison sans inculpation ni jugement !

Pendant un an, il est gardé dans une cellule isolée et n'a droit à aucune visite. Fin 1972, il est interné dans le quartier spécialement aménagé pour les anciens dignitaires du Baas, et sa femme et ses cinq enfants peuvent lui rendre visite, une fois par mois, pendant une heure.

Personnage assez dogmatique et sectaire — il était un des principaux « gauchistes historiques » du Baas —, Saleh Jedid n'était pas considéré comme un compagnon de détention facile à vivre... En 1980, quand le Dr Atassi accepte de négocier (sans succès) avec le président Assad les conditions d'un élargissement des dignitaires du parti emprisonnés à Mezzé, Saleh Jedid est le seul à s'opposer à cette initiative...

Sa famille dira pudiquement que, s'il n'adressait pas la

parole à certains de ses camarades de prison, c'est que, « après plusieurs années de prison, tous les sujets de conversation étaient épuisés ».

Sa famille — sa mère, sa femme et sa fille Wafa, née après son arrestation — le voit vivant pour la dernière fois le 7 août 1993 : il est alors en bonne santé. C'est à cette occasion qu'il réussit à leur donner une lettre-testament adressée à Wafa, griffonnée sur la première page d'un livre. C'est grâce au témoignage de codétenus libérés par la suite que sa famille a pu reconstituer le film de ses derniers jours — de ce qu'elle appelle son « assassinat ».

Le 13 août 1993, il demande à être soigné pour ses rhumatismes, et il est conduit à l'hôpital Ibn Nafis, où on lui fait une injection ; le lendemain, très fatigué, il est de nouveau soigné à l'hôpital, où on lui fait une seconde injection : de retour à Mezzé, il a une forte réaction cutanée, le visage gonflé, et vomit du sang avant de tomber dans le coma. Il passe la journée du 15 dans sa cellule, sans recevoir aucun soin, et le 16 il est reconduit à l'hôpital, où les médecins diagnostiquent une « insuffisance rénale aiguë, un collapsus cardio-vasculaire, et une septicémie ». Il meurt le 17.

Sa femme n'est pas autorisée à voir son corps ni à faire faire une autopsie ; elle ne peut pas davantage s'entretenir avec les médecins qui l'ont soigné, ni consulter son dossier médical... Le 19 août 1993, Saleh Jedid est enterré à Doueir-Baabda, le village de sa mère, à côté de Lattaquié. Se remémorant la mésaventure de la famille du Dr Atassi — le fourgon transportant le cercueil du Dr Atassi avait filé sur la route de Homs à 140 kilomètres à l'heure, semant le cortège de la famille et des amis —, deux voitures de la famille encadrent le fourgon et l'obligent à rouler à une vitesse modérée... Plusieurs milliers de parents et amis attendaient au cimetière, où des amis brisent le couvercle du cercueil : ils peuvent prendre une dernière photo de Saleh Jedid, le visage gonflé, avec des traces de sang. Pour la famille il est évident que Saleh Jedid a été assassiné. Amnesty International a demandé en vain qu'une enquête soit ouverte sur les circonstances de ce décès si soudain.

Quelques jours plus tard, la Sécurité arrête onze parents et amis de Saleh Jedid qui avaient assisté à son enterrement : transportés à Damas — ils ignoraient en fait où ils étaient détenus —, ils sont enfermés au secret dans des cellules souterraines, en slip. Ils sont fouettés, menacés des pires sévices... et ne seront relâchés que le 3 juillet 1994, après une vive campagne de protestation d'Amnesty International. Le plus jeune d'entre eux avait dix-sept ans.

Riad al-Turk

Né en 1931 à Homs, issu d'un milieu très modeste, Riad al-Turk n'a pu faire d'études universitaires, et il est devenu instituteur après avoir terminé le lycée. Il s'est inscrit par la suite à la faculté de droit comme auditeur libre, tout en exerçant son métier d'instituteur, et a obtenu sa licence en 1956.

Militant dans le Parti communiste syrien dès la fin des années quarante, Riad al-Turk avait déjà été emprisonné plusieurs fois avant l'arrivée au pouvoir de Hafez al-Assad : une première fois en 1954, sous Chichakli ; puis pendant deux ans en 1959-1961. Il part alors à l'étranger pour soigner les séquelles (troubles de l'audition) des tortures qu'il a subies ; puis il est admis à l'école des cadres du parti communiste à Moscou, où il passe deux ans.

Devenu un des dirigeants du PC syrien — il est élu membre du bureau politique au troisième congrès du parti, en mai 1969 —, il rompt en avril 1972 avec la ligne officielle de Khaled Bagdache, secrétaire général d'un parti communiste qui soutient le régime de Hafez al-Assad et auquel il reproche de faire preuve d'autoritarisme, de verser dans le culte de la personnalité, et de subordonner son parti au « grand parti frère » de l'Union soviétique. Il réunit, en décembre 1973, un congrès (dont sont absents les partisans de Khaled Bagdache) qui consacre la fondation d'un parti communiste dissident connu sous le nom de PC — « Bureau politique ». Le général Assad ne peut tolérer longtemps les activités d'un homme qui dénonce ses « pratiques dictatoriales », souligne le caractère « confessionnel » de son régime et critique violemment son intervention au Liban

(1976) : Riad al-Turk est arrêté le 28 octobre 1980, après la signature du traité d'amitié avec l'Union soviétique. Il ne sera, lui non plus, ni inculpé ni jugé !

Détenu dans un isolement total dans une cellule du sous-sol du centre d'interrogatoire militaire de Damas, près de Hamidia, il est torturé — il subit des fractures du bras et de la jambe, sa vue est affectée, il est devenu totalement sourd de l'oreille droite et souffre de troubles de l'équilibre — et il tombe plusieurs fois dans le coma (notamment pendant vingt-cinq jours en décembre 1987-janvier 1988) : diabétique et souffrant d'une insuffisance rénale chronique, il doit être transféré à plusieurs reprises à l'hôpital : en février 1981, janvier 1982, décembre 1983, décembre 1984, décembre 1987, novembre 1988 et à nouveau en mars 1991. L'acharnement de ses tortionnaires est véritablement inhumain — et donne une idée de ce qu'ont pu subir tous les détenus plus ou moins anonymes, et en particulier les sympathisants du mouvement des Frères musulmans — enfermés dans les prisons syriennes dans des conditions comparables à celles des « morts-vivants » marocains de Tazmamart, décrites par Gilles Perrault dans *Notre ami le roi*...

Après treize ans de détention, sa femme Asma — sœur de Youssef Fayçal, nouveau secrétaire général du Parti communiste syrien, l'un des principaux « collaborateurs » du régime d'Assad, elle avait elle-même été détenue près de deux ans en 1980-1982 — a pu voir Riad al-Turk pendant *une heure* en juillet 1993 : elle apprenait à cette occasion qu'il n'était autorisé à lire des journaux et des livres que depuis 1992 ! Depuis, la chape de plomb est retombée sur un des plus anciens prisonniers de conscience de Syrie, adopté par Amnesty International, dont tout le monde sait, hélas, qu'il ne sortira de prison que mort ou mourant.

Certes, le gouvernement syrien a peu à peu libéré depuis 1993 tous les compagnons de détention de Noureddine Atassi et de Saleh Jedid, ces prisonniers d'opinon détenus depuis près d'un quart de siècle, et notamment Ahmed Suwaidani (arrêté en juillet 1969), Moustafa Rustum et

Hadithe Murad (arrêtés en décembre 1970). Le dernier des dirigeants baasistes embastillés, Faouzi Rida, a été mis en liberté le 8 janvier 1995. Mais, en même temps, les services secrets syriens continuent d'arrêter des centaines d'opposants, réels ou supposés, de les incarcérer sans jugement, et de les torturer atrocement : la Syrie du général Assad dispute à l'Irak de Saddam Hussein la honte d'être le pays du monde arabe où les droits de l'homme sont le plus systématiquement violés. Dans ce pays où l'état d'urgence est appliqué sans interruption depuis 1963, et où Amnesty International a répertorié pas moins de trente-huit techniques de torture différentes, des milliers de personnes sont détenues pour le seul délit d'avoir voulu, comme Salama Georges Kila, penser autrement.

Quant au ministère de l'Information, qui gère tous les médias syriens, il devrait en fait s'appeler le ministère de la Censure. La presse écrite, la radio et la télévision sont en effet étroitement contrôlées par ce ministère, et aucun article, aucune dépêche, rien ne peut être diffusé sans avoir été approuvé au préalable par les fonctionnaires-censeurs. A de rares exceptions près, tous les journalistes syriens sont membres du parti Baas, et l'agence de presse syrienne est l'organe officiel de la propagande syrienne.

Trois quotidiens sont publiés à Damas : *Al Baas*, le journal du parti, *Tichrine* et *Al Saoura*, les journaux du gouvernement. D'autres quotidiens sont publiés à Alep (*Al Jamahir*), Homs (*Al Uruba*) et Hama. Mais en fait, tous ces quotidiens sont rédigés, édités et imprimés à Damas, dans les locaux d'une société éditrice appartenant au gouvernement. Au total, malgré une abondante distribution gratuite dans les ministères et institutions dépendant du gouvernement, leur tirage total ne dépasse pas 150 000 exemplaires, ce qui est ridiculement peu pour un pays d'environ douze millions d'habitants. Peu de particuliers achètent ces gazettes très officielles, dont la première page est une affiche annonçant et commentant les faits et gestes du grand leader-président Hafez al-Assad avec une langue de bois qui rebute les lecteurs les plus indulgents. Un lecteur averti trouve parfois dans les pages intérieures de ces journaux des articles sur les problèmes sociaux — le logement, le mauvais fonctionnement de l'administration, la corruption — qui répondent aux doléances de l'opinion publique, sans jamais mettre en cause les dirigeants du régime.

A côté de ces quotidiens officiels, le gouvernement syrien publie également des mensuels spécialisés comme *Jeich al Chaab* (« L'Armée du peuple »), *Al Iktisad Suri* (« L'Économie syrienne »), *Al Sakaffa* (« La Culture »). Et les partis tolérés par le régime (parti communiste officiel, etc.) ont aussi leur organe.

La presse étrangère, arabe et occidentale, est étroitement censurée avant d'être introduite en Syrie ; les Syriens qui souhaitent s'informer se rabattent donc sur les émissions en arabe des diverses radios diffusant leur service au Moyen-Orient (BBC, VOA, RFI, Radio Israël).

Les partis de l'opposition publient un certain nombre de revues ou bulletins clandestins : *Al Maukef al Democrat* (« La Position démocrate », du Rassemblement national), *Al Arabi* (« L'Arabe », de l'Union socialiste arabe), *Nidal al Chaab* (« La Lutte du peuple », du PC-Bureau politique), le bulletin du Parti d'action communiste, etc. Il suffit d'être trouvé en possession d'un de ces bulletins pour disparaître en prison, être torturé et éventuellement exécuté.

Il est extrêmement difficile pour les journalistes étrangers de travailler en Syrie : à moins d'accompagner un ministre en visite officielle, les journalistes n'obtiennent un visa qu'après une longue enquête, et à condition de ne pas vouloir enquêter sur des sujets sensibles. Sur place, les journalistes sont constamment surveillés et, terrorisés, les Syriens préfèrent éviter tout contact avec eux...

Chris KUTSCHERA

TURQUIE

Günay Aslan

« ... traître à la patrie »

Günay Aslan est libre désormais. Il n'est plus à la prison de Köycegiz, au sud-ouest de la Turquie. Il aurait dû y retourner pour deux années supplémentaires, mais il s'est échappé, une nuit de janvier 1995. Il a franchi à la rame le fleuve Marica qui trace la frontière entre la Turquie et la Grèce. Il est parti se réfugier quelque part en Allemagne, où sont déjà tant de Kurdes. Voilà, il n'est plus ici, je veux dire à Istanbul, où demeurent sa famille, ses amis. Il n'est plus dans son pays. Je ne dirais pas dans sa ville, car Istanbul n'est pas sa ville. Il y était venu pour se mettre à l'abri, déjà, pour qu'on ne le tue pas, chez lui, à Van, tout à l'est de la Turquie. En plein pays kurde. Là-bas, on l'aurait tué s'il était resté. C'est son frère aîné qui le dit, et puis sa femme Gabriele. Un soir, il ne serait pas rentré. C'est souvent comme cela que la police procède, là-bas, en Anatolie du Sud-Est. On ne dira pas au Kurdistan, non, car c'est passible de la prison et d'une lourde amende. Il ne serait pas rentré donc, et, plus tard, on l'aurait porté disparu. « Günay Aslan, 35 ans, journaliste, disparu le X de l'année 199. » Une ligne sur un registre, et pas de tombe. Ou alors, on l'aurait retrouvé allongé sur un trottoir, le front troué, le visage massacré. C'est aussi comme cela qu'ils procèdent, parfois. Alors ils accusent les guérilleros kurdes du PKK, les indépendantistes des montagnes. Ils disent que cela doit être un règlement de comptes entre « terroristes ». Et la famille se tait. Et tous les gens se taisent. On sait bien que le PKK, lui aussi, capture et assassine.

Tous les malheurs de Günay Aslan lui viennent de son premier livre : *L'Histoire en deuil – 33 balles*. C'est une enquête sur l'assassinat de trente-trois paysans kurdes par un détachement de l'armée turque, en 1943, dans un petit village du Sud-Est anatolien nommé Saray. Günay a retrouvé des paysans témoins du massacre, et même un des soldats qui a tiré, sur ordre. Le soldat pleurait en se souvenant. Le commandant du troisième corps d'armée, le général Mustafa Muglali, avait pris prétexte d'un vol de bétail pour faire fusiller les trente-trois hommes. En réalité, il souhaitait par ce geste asseoir son autorité sur une région rebelle. On comprend bien cela en lisant le livre d'Aslan. On comprend aussi que les méthodes de l'armée turque à l'égard de la communauté kurde n'ont pas changé depuis cette année 1943. C'est évidemment pourquoi le livre a été saisi, dès sa parution, en 1989, et bien qu'il ait reçu le prix Yunus-Nadi, l'équivalent en France du prix Albert-Londres. Günay risquait alors la prison à vie au terme de l'article 142 du code pénal turc. Puis cet article a été abrogé, et les poursuites abandonnées. En 1991, le livre a donc été réédité, mais il est tombé cette fois sous le coup de la loi antiterroriste. En janvier 1993, l'auteur a donc été condamné à deux années de prison pour « propagande compromettant l'indivisible unité de l'État turc ». La peine a été confirmée en appel et Günay Aslan a été arrêté en septembre 1993, alors qu'il tentait une première fois de fuir la Turquie.

Il a fait sa peine. On l'a libéré le 20 janvier 1995. Mais aussitôt on l'a recherché car on avait oublié qu'il avait été condamné six mois plus tôt, alors qu'il était incarcéré, à deux années supplémentaires de prison pour un second livre au titre sans équivoque : *La République de la matraque* (*Cop Cumhuriyeti*). C'est là qu'il est parti pour l'Allemagne, avec un passeport périmé et une valise en aluminium.

Tous les malheurs de Günay Aslan viennent cependant du premier livre, oui, seulement de celui-là, de l'histoire dramatique de ce premier livre : ces trente-trois paysans kurdes fusillés dans les montagnes jaunes de Saray. Sans

GÜNAY ASLAN. « ... TRAÎTRE À LA PATRIE »

doute Günay Aslan n'aurait-il jamais rien écrit, sans doute ne serait-il même jamais devenu journaliste, si ces trente-trois-là n'avaient pas été massacrés. Ce n'est pas lui qui le dit. Ce ne sont pas non plus ses frères et sœurs. C'est l'histoire familiale, l'histoire qu'ils recomposent par bribes les uns et les autres.

« Le massacre des trente-trois, Günay, comment l'as-tu appris ?

— C'est une poésie, dit-il, une poésie d'Ahmet Arif baptisée “33 balles”.

— Mais ton frère aîné me dit que ta grand-mère vous en parlait…

— Ah oui, c'est vrai, ma grand-mère nous le racontait.

— Il dit qu'elle tremblait en vous le racontant, et qu'à la fin elle sanglotait en se souvenant.

— Oui, elle se souvenait. Le village où nous vivions s'appelait Özalp », dit-il. Il montre la carte. « Tu vois, c'est tout près de Saray. Elle avait dû entendre des choses à l'époque… Je crois même que, parmi les trente-trois, il y avait quatre parents lointains à nous… »

Günay est né en 1960. Il dit que son village est Özalp. Il ne sait pas ce que son frère aîné sait, lui : que la famille habitait Saray jusqu'en 1959. Cette année-là seulement elle est venue s'installer à Özalp. La grand-mère se souvenait, bien sûr. Elle avait dû voir les soldats de Mustafa Muglali Pacha emmener les paysans du bourg à coups de pied vers les montagnes. Elle avait dû entendre les coups de feu, et puis les sanglots des femmes. L'endroit où avaient été enfouis les corps était interdit aux villageois. Comment la grand-mère aurait-elle pu oublier ? Mais elle n'en a pas parlé tout de suite à ses petits-enfants. Oh non ! Il a fallu qu'un bouleversement historique survienne — le coup d'État militaire du 12 mars 1971 — pour qu'elle ose raconter ce malheur. Pour la sauvegarde de ses petits-enfants. Pour qu'ils n'aillent pas se mêler à ceux qui lançaient des pierres aux soldats, aux gendarmes. « Ne vous mêlez pas de ça, surtout, nous disait-elle, se souvient le frère aîné de Günay, Abdurrahman, sinon ils vous tueront comme les trente-trois. Ne vous mêlez jamais de ça, mes enfants, le gouvernement est très fort, il vous écrasera. » Günay avait onze ans alors.

Ils se savaient kurdes, les Aslan, mais dans ces années-là il ne leur serait pas venu à l'esprit de le revendiquer. Ils avaient bien d'autres soucis que cette identité qui ne leur valait que des ennuis, que des humiliations, alors qu'il était déjà si difficile de se loger, de se nourrir. Les grands-parents de Günay s'étaient installés à Saray au début des années vingt. Ils arrivaient du Kurdistan d'Iran. Ils étaient marchands, ou contrebandiers si l'on veut, comme tous les « marchands » de cette région frontalière. Ils étaient analphabètes, et Mehmet, le père de Günay, n'alla pas plus qu'eux à l'école. Mehmet n'apprit jamais à lire ni à écrire. Quand il rencontra Ano, la mère de Günay, Mehmet était devenu à son tour marchand-contrebandier. Elle avait seize ans, lui vingt-sept. Ils se construisirent une maison d'une seule pièce, sur la terre aride de Saray où rien ne pousse. C'est là que naquit Abdurrahman, en 1957, l'aîné des neuf enfants qu'allait avoir Ano.

Günay, le deuxième, n'arriva que trois ans plus tard, alors que la famille venait d'emménager à Özalp, dans une maison d'une seule pièce, sans électricité, mais un peu plus grande. Très vite, il apparut qu'Abdurrahman était aussi fluet que Günay était costaud. Est-ce pour cette seule raison que le père destina très tôt son aîné aux études, tandis qu'il voulut le second aux travaux ménagers ? Devenu professeur de littérature, Abdurrahman a conservé cette fragilité, cette timidité aussi, qui avaient ému son père. Il ne se met pas en avant, il cherche le mot juste, puis quand il se tait, il sourit à peine, comme pour s'excuser d'avoir trop parlé. « Nous avions une vache, dit-il, pour le lait et le yaourt. Günay était chargé de la vache. Tout petit, c'est lui qui devait la traire et aller vendre le lait, parfois. Le lait en trop. Il devait aussi remonter l'eau...

— Ce sont des travaux d'homme, n'est-ce pas ?

— Non, justement. Chez nous, ce sont les femmes qui font cela. C'est pourquoi tout le village se moquait de Günay. »

Les villageois s'en souviennent aujourd'hui. Mais ils ne

se moquent plus de Günay. Ils savent bien quel homme il est devenu. Un journaliste, un écrivain, un intellectuel kurde. Ils disent qu'il n'était pas comme les autres enfants, que tout petit, déjà, il aidait sa mère, qu'il se fichait des moqueries. Ils disent que sa mère ne parlait que le kurde, et que Günay, lui aussi, ne s'exprimait qu'en kurde, exprès sans doute, malgré les gendarmes, malgré Mehmet, le père, qui hurlait que, dans ce pays, « pour être un homme, il faut parler turc » ! Ils disent en somme, à demi-mot, qu'il était un révolutionnaire. Déjà. Notre enfant, notre honneur.

Günay a onze ans quand la famille quitte la petite maison pour une plus grande, toujours à Özalp : deux belles pièces, sur un sol de terre battue. Abdurrahman, auréolé de tous les prix, s'apprête à quitter l'école d'Özalp pour le lycée de Van, la grande ville. Günay devient l'aîné, presque le chef de la famille, déjà. Regel, Kadir, Filiz, et d'autres enfants encore sont nés. Ils sont six à présent, bientôt sept, et le père est sans arrêt sur les chemins. Il faut acheter et revendre vite, il faut se garder des douaniers, des gendarmes. C'est l'année du coup d'État militaire, l'année 1971. « Notre agha, c'est-à-dire le chef de notre village, n'aimait pas du tout Günay, disent aujourd'hui ses frères. Il se plaignait sans cesse de lui auprès de notre père. Il disait qu'il était communiste, qu'il ne croyait pas en Dieu. » A deux ou trois reprises, Günay s'en va lancer des pierres sur les gendarmes. « Mon enfant, mon petit, supplie sa grand-mère, ne recommence jamais cela, ils te tueront comme les trente-trois... »

C'est cette année-là que leur est venue à tous la conscience d'être kurdes. « Nous avons compris à ce moment-là que les gendarmes n'étaient pas ici pour nous protéger, dit doucement Abdurrahman, mais seulement pour nous effrayer. Ils n'avaient pas le même comportement avec les Turcs. »

Des hommes sont arrêtés et roués de coups. Battus parfois sous le regard épouvanté de leurs enfants, de leur femme. Günay est témoin de cela. Scènes de violence tant de fois décrites par Yachar Kemal, qui vient de publier *Mèmed le faucon* (1969), après *Mèmed le mince* : « Ils allèrent tout droit à la maison d'Ali le Demeuré. Ils attrapèrent le vieux sur le pas de sa porte et le passèrent à la question. Ils ne purent lui arracher un mot. Ils l'interrogèrent sans trêve, le menacèrent. Sans résultat. Alors, ils se mirent à le frapper à coups de crosse. Huru, sa femme, tournait comme un oiseau, en hurlant, autour du vieillard qu'on assommait. Un gendarme la fit taire d'un coup de crosse. »

Puis les tensions s'apaisent. Quelques années passent encore. Étés brûlants, longs hivers sous la neige, car le village est perché à 2 700 mètres d'altitude. Ils sont neuf enfants maintenant, dans la grande maison. Ano attend le dixième, mais elle seule le sait. C'est encore Abdurrahman qui parle :

« Notre mère, dit-il soudain, est morte cette année-là. »

Et puis il se tait.

« Cette année 1976 ? dis-je. Mais de quoi est-elle morte ?

— Elle avait des migraines. »

Il regarde ses mains. Enfin, il reprend doucement :

« Non, elle ne voulait pas de ce dixième enfant. La vie était trop difficile, vous comprenez ? Alors elle a dû essayer de s'avorter elle-même. Elle est morte d'une hémorragie. »

Ano a trente-six ans, l'année de sa mort. Günay, lui, en a seize. Et voilà que les gendarmes recherchent le père pour une affaire de contrebande, une affaire de montres importées d'Iran. « Il ne voulait pas aller en prison, il se sentait trop vieux pour cela, dit Regel, l'un des fils. Alors il est parti se cacher dans les montagnes. » Günay est seul maintenant pour toute la maison, pour les sept frères et sœurs. Il reprend le commerce du père. Plus tard, il parvient même à décrocher son baccalauréat, mais il échoue au concours d'entrée à l'Université. Le père n'est plus dans les montagnes alors. Les gendarmes l'ont arrêté, et la justice l'a condamné à trois années de prison. Trois ans, durant lesquels Günay court à son tour sur les chemins.

Quand le père rentre enfin, au milieu de l'année 1983, Günay prépare, et réussit, l'examen d'entrée à l'université de Van. Mais aussitôt il y renonce. « Il ne voulait pas nous abandonner », disent ses jeunes frères et sœurs. « Il n'avait pas les moyens de payer ses études, les livres, la vie à Van », dit Abdurrahman. Le voilà de retour à Özalp. Il a vingt-trois ans. Il est un des deux seuls bacheliers du bourg. L'autre est un avocat, un homme qu'il aime bien, presque un ami. Günay ouvre une officine d'écrivain public, à quelques pas de chez l'avocat. Durant trois ans, il écrit les requêtes de tous les villageois analphabètes. C'est cela son métier, et la famille s'en porte mieux car il y a beaucoup d'analphabètes à Özalp.

Toute l'année 1984, Günay se tient là, dans sa petite officine. Il rédige ses requêtes pendant que le PKK (Parti ouvrier du Kurdistan), créé en 1977, se métamorphose en mouvement de guérilla. Günay n'est pas pour la lutte armée. Le petit garçon qui balançait des pierres sur les gendarmes croit plutôt, désormais, aux vertus du dialogue et de la diplomatie. Non seulement il n'adhère pas au PKK, mais bien vite il critique ses méthodes. Il est pour la reconnaissance de la nation kurde, oui, mais il n'est pas pour la guerre, pour les villages incendiés, pour les hommes ligotés, torturés, fusillés. C'est pourquoi il participe plutôt, en 1985 et 1986, à la création de la section régionale du Parti socialiste. Il sait écrire, il connaît bien le pays kurde, il est intelligent, ouvert, tolérant. Quand le Parti socialiste crée son hebdomadaire, *2000 e dogru* (« Vers l'an 2000 »), il lui propose tout naturellement de devenir correspondant du journal à Van. Günay accepte. Le voilà journaliste.

Tous les reporters d'Ankara, d'Istanbul, de Paris, de Rome ou de Bonn qui ont travaillé sur la question kurde, à la fin des années quatre-vingt, ont connu Günay Aslan. Il recevait à son bureau, ou dans la chambre d'hôtel qu'il habitait en permanence, tous les envoyés spéciaux de passage à Van. Il était alors considéré comme le meilleur informateur, le plus objectif, sur les secrets de cette guerre sans nom, et notamment sur les exactions commises tant par les guérilleros du PKK que par l'armée régulière turque. Il savait, et il osait le dire. Les Français me l'ont confirmé, mais également les envoyés spéciaux des grands quotidiens populaires turcs, tels *Hurriyet* (500 000 exemplaires), ou *Milliyet* (300 000 exemplaires), pourtant réputés pour leur soutien inconditionnel au gouvernement, dès lors qu'il s'agit de défendre l'« unité indéfectible de la patrie ». D'ailleurs *Hurriyet*, puis *Cumhurriyet* (70 000 exemplaires) acceptent à plusieurs reprises, dans ces années-là, des articles de lui, sur la guerre, mais aussi sur la société kurde : la vie des femmes dans les villages, la question scolaire, l'hygiène, la santé, etc.

« A cette époque, racontent ses frères, Günay était en permanence suivi par deux policiers. Parfois, les policiers l'interpellaient et le gardaient trois ou quatre heures, juste pour l'effrayer. Parfois, Günay les priait de venir s'asseoir à sa table plutôt que de l'espionner depuis la table voisine. Ils feignaient de jouer, eux et lui, mais ce n'était pas un jeu. »

Et voilà qu'en 1988 Günay Aslan retourne, bien sûr, sur les chemins de son enfance. Comment mieux résumer la blessure historique des Kurdes, étrangers, pour ne pas dire sous-hommes dans la jeune république d'Atatürk, qu'en racontant par le menu, avec l'exigence de l'historien, le drame des trente-trois fusillés de Saray ? Il commence ses recherches et découvre très vite une série d'articles sur cet événement, parus dans le quotidien *Milliyet* en 1971, et signés d'un certain général Kenan Esengil. « Ces rebelles, les Kurdes, écrit le général, ont trahi les Turcs dans toutes les périodes de notre histoire. Cependant, le grand peuple turc n'a jamais laissé impunies ces trahisons et, chaque fois, il a infligé aux coupables les peines qu'ils méritaient. » Et le général d'accuser les trente-trois suppliciés d'être des « agents de la Russie ». « Ces malheureux, écrira plus tard Günay, qui n'avaient pas été à l'école, qui ne parlaient que le kurde, agents de la Russie... »

A la vérité officielle, il oppose bientôt la vérité des faits, osant ouvrir son enquête par cette phrase terrifiante : « Le fait d'être kurde sous la République turque équivaut au fait d'être juif dans l'Allemagne nazie. » *Hurriyet*, qui venait de l'embaucher, le licencie immédiatement à la lecture de ce travail. *Cumhurriyet*, qui avait d'abord accepté de publier l'enquête, y renonce. *2000 e dogru*, l'hebdomadaire du Parti socialiste où Günay avait démarré, se défile. On connaît la suite : édité une première fois en décembre 1989, le livre sera aussitôt saisi, non sans avoir reçu le prix Yunus-Nadi, attribué par le quotidien *Cumhurriyet* qui avait pourtant refusé de publier le texte...

« Après la saisie de ce livre, Günay n'était plus en sécurité à Van, dit sa femme, Gabriele. Il était sans cesse suivi et menacé de mort au téléphone. » Gabriele est allemande, journaliste en poste en Turquie. Elle se lève, elle montre les photos sur le mur, derrière elle : un couple au restaurant, trois hommes sur un chemin de montagne, un père et ses enfants sous un parasol, d'autres encore. « Les hommes, là, étaient nos amis, dit-elle, journalistes à Van, comme Günay. Maintenant, ils sont morts ou portés disparus. »

Avec quelques amis, elle convainc Günay de s'installer à Istanbul. L'armée et la police ont moins de pouvoir ici, à Istanbul, qu'en Anatolie du Sud-Est. C'est du moins ce qu'elle croit. Il quitte Van. On le croise désormais dans les salons de thé enfumés d'Istiklâl Caddesi ou des rues transversales, là où se retrouvent les intellectuels ; on le croise aussi dans la vieille ville, près de Divan Yolu, où sont installés la plupart des journaux d'opposition et beaucoup de correspondants étrangers. Il collabore alors au quotidien kurde séparatiste *Özgür Gündem*. Il écrit pour l'hebdomadaire alternatif *Sokak* (« La Rue »). Il a le projet de créer une agence d'information kurde. Il sera emprisonné avant d'y être parvenu.

Quand le père meurt, en 1992, dans la maison d'Özalp, Abdurrahman et Günay prennent ensemble la décision de faire venir toute la famille à Istanbul. « Ils n'étaient plus en sécurité là-bas », dit simplement Abdurrahman. Seules deux filles, mariées selon la tradition, demeurent aujourd'hui encore dans les montagnes. Les autres se sont installés ensemble dans une cité de Bagcilar, au nord-ouest d'Istanbul. Regel travaille dans un hôpital, Kadir est serveur dans un salon de thé, les plus jeunes étudient encore. « Ici, c'est un quartier kurde », dit Regel. C'est pourquoi, une ou deux fois par mois, de jeunes nationalistes turcs sillonnent la cité au volant de voitures équipées de haut-parleurs. Ils hurlent : « Le plus grand soldat du monde, c'est le Turc. Nous partons à l'est violer les terroristes du

PKK. » Ces jours-là, les gens ne sortent pas, les rues sont vides.

« Günay Aslan ? »

Il sourit, il me fait entrer. Dehors, il neige, il neige sur Cologne, malgré l'annonce du printemps. Nous ne parlons pas, nous n'avons aucune langue en commun. Ça ne fait rien, nous nous connaissons un peu déjà. Le dernier soir à Istanbul, chez Regel, Kadir et les autres, Günay a téléphoné depuis l'Allemagne. A présent, je suis là, chez lui. Il vit chez un réfugié politique kurde, dans une cité glaciale de la banlieue de Cologne. Nous regardons ensemble des photos, des photos de Turquie avec Gabriele, et puis de prison avec d'autres détenus. Il me montre un manuscrit écrit en prison. Il sort tout cela de sa valise en aluminium. Plus tard, nous partons marcher vers la cathédrale, puis nous buvons un grog au café Lameng, Zulpischer Strasse. Il y a beaucoup de Kurdes dans ce café. Nous en trouvons un qui parle français.

« En quinze mois de prison, dit Günay, je n'ai pas reçu un mot de solidarité d'un confrère turc. Les rares journalistes qui ont évoqué mon arrestation ont écrit que j'étais un traître à la patrie, que je l'avais bien mérité.

— Et pourtant, le livre a été primé par un jury de journalistes turcs...

— C'est comme un lapsus, dit-il. Ils ont eu un instant de vérité, et aussitôt après ils se sont rétractés. Chez nous, les journalistes n'ont pas le respect de la vérité. Sous les sultans, ils étaient la voix du palais, la voix officielle. En échange, ils jouissaient de beaucoup d'honneurs. Ça n'a pas changé sous la République : ils sont restés la voix du palais. Il n'y a pas de problème kurde pour le palais, donc il n'y a pas de problème kurde pour les journalistes. Ceux qui voient là-bas des raisons de se révolter, ceux qui parlent d'une "guerre" quand le palais parle de "simples opérations militaires", ceux-là sont donc des traîtres à la patrie. Moi, Günay Aslan, je suis un traître... »

Lionel DUROY

Les auteurs

Algérie

Journaliste : Patrick de Saint-Exupéry, grand reporter au *Figaro*, lauréat des prix Mumm et Albert-Londres.

Bosnie

Journaliste : Vincent Hugeux, grand reporter à *L'Express.*

Cameroun

Journaliste : Jean-Pierre Langellier, éditorialiste au *Monde*, coauteur de *L'Afrique déboussolée* (Plon, 1978).

Chine

Journaliste : Dorian Malovic, chef du service Asie à *La Croix-L'Événement.*

Colombie

Journaliste · Marc Kravetz, journaliste indépendant, lauréat des prix Mumm et Albert-Londres.

Cuba

Journaliste : Jean-Paul Mari, grand reporter au *Nouvel Observateur*, lauréat du prix Albert-Londres, auteur de *L'homme qui survécut*, Éd. Jean-Claude Lattès, 1991, et *Le Prix d'un enfant*, avec Marie-France Botte (Éditions Laffont, 1993), Prix Agena Humanitaire.

Liban

Journaliste : Pierre Veilletet, rédacteur en chef de *Sud-Ouest* et écrivain, lauréat du prix Albert-Londres.

Rwanda

Journaliste : Colette Braeckman, grand reporter au *Soir* (Belgique), collaboratrice du *Monde diplomatique*, auteur de *Rwanda : histoire d'un génocide* (Fayard, 1994).

Syrie

Journaliste : Chris Kutschera, journaliste indépendant, spécialiste du Moyen-Orient.

Turquie

Journaliste : Lionel Duroy, journaliste et écrivain, auteur de *Je voudrais descendre* (« Roman », Le Seuil, 1993) et de *Il ne m'est rien arrivé* (« Essais », Mercure de France, 1994).

Reporters sans frontières

Historique

Il y a dix ans, Reporters sans frontières naissait à Montpellier autour de Robert Ménard, journaliste à Radio France Hérault. L'organisation se donne alors pour vocation de réaliser des enquêtes et des reportages dans des pays où se sont produits des événements dramatiques dont on n'a pas parlé ou qui ont trop vite été oubliés, ces drames dont on ne parle plus ou que l'on ignore. Une soixantaine de sujets seront ainsi traités en quatre ans. Le financement est assuré par des fonds publics (Conseil général de l'Hérault, Conseil régional du Languedoc-Roussillon, etc.) et des aides privées (mécénat d'entreprise). Mais cette méthode se révèle délicate à mettre en œuvre. Certains reportages réalisés ne trouveront pas preneur. Des journalistes ont parfois l'impression que Reporters sans frontières, en attirant l'attention sur des situations qu'ils ne traitent pas, leur... donne des leçons.

En revanche, tout au long de ces années, un problème sous-jacent à la démarche de Reporters sans frontières apparaît de plus en plus clairement : les difficultés des journalistes à exercer leur métier librement. Les impressionnantes listes de journalistes assassinés chaque année — notamment en Amérique latine — et le nombre de rédacteurs de *samizdats* en prison dans les pays d'Europe de l'Est contribuent à la prise de conscience du combat mené par des journalistes pour la liberté de la presse. La petite association (fonctionnant uniquement grâce au bénévolat) élargit, peu à peu, ses contacts avec les associations sœurs militant en faveur de la liberté de la presse : des organismes, tous anglo-saxons, surpris de voir une association française s'intéresser aux problèmes de liberté de la presse d'une manière pragmatique...

En 1989, tirant les leçons de quatre ans d'activité, Reporters sans frontières arrête les reportages. L'objectif prioritaire sera désormais de tout faire pour obtenir la libération des journalistes emprisonnés et de dénoncer les atteintes à la liberté de la presse.

Un travail de recherche et de vérification des informations sur les violations de cette liberté est mené jour après jour. Il permet de publier *L'Information dans le monde* (Le Seuil) : un répertoire de plus de six cents pages qui dresse, pays par pays, la liste des principaux médias, leur degré d'indépendance par rapport au pouvoir politique et la marge de manœuvre des journalistes dans l'exercice de leur profession. Reporters sans frontières édite également, à l'occasion du bicentenaire de la Révolution française, un *Atlas mondial des libertés* (Arléa).

En février 1989, Reporters sans frontières publie le premier numéro de *La Lettre de Reporters sans frontières*, un mensuel diffusé auprès des journalistes et des adhérents de l'association, qui reçoit en décembre 1992 le prix Lorenzo-Natalis attribué par la Commission européenne « pour son engagement exemplaire dans la défense des droits de l'homme et de la démocratie dans les pays en développement ».

En octobre 1989 est lancée une première opération de « parrainage » des journalistes emprisonnés. Il s'agit de demander à un média de prendre en charge un journaliste détenu pour ses opinions afin d'obtenir sa libération. Ils sont, aujourd'hui, une quarantaine de radios, de télévisions et de journaux à « parrainer » ainsi un journaliste emprisonné. Des améliorations des conditions de détention et des libérations ont été obtenues grâce à cette mobilisation des médias.

La même année, Reporters sans frontières rend public son premier rapport annuel qui fait le bilan des violations de la liberté de la presse dans plus d'une centaine de pays. Chaque année, le financement de cette « compilation » des atteintes à la liberté de la presse sera pris en charge par un média différent. Ce rapport est traduit aujourd'hui en anglais et en espagnol.

C'est encore en 1989 que Reporters sans frontières organise un séminaire, présidé de façon symbolique par le journaliste Liu Binyan, réfugié aux États-Unis juste avant le « printemps de Pékin ».

A la suite de la « révolution roumaine », qui révèle de nombreux « dérapages » de la presse, Reporters sans frontières organise un colloque (avril 1990) sur les problèmes de déontologie dans les pays occidentaux. Comment ont travaillé les envoyés spéciaux au lendemain du renversement de Nicolae Ceauşescu ? Pourquoi tant de rumeurs contradictoires et d'informations fausses ont-elles circulé avec une telle facilité ? Autant d'interrogations qui seront consignées dans un livre, *Roumanie : qui a menti ?*. Toute une série de colloques suivront, notamment sur la couverture de la guerre du Golfe, sur l'immigration, etc.

Parallèlement, Reporters sans frontières apporte son concours aux journalistes et aux médias victimes de la répression ou de la guerre. Une aide qui se traduit par l'envoi d'avocats lors de procès de presse, le paiement des frais de justice, l'assistance aux familles des journalistes emprisonnés ou tués, la prise en charge des soins de journalistes blessés, etc. A Sarajevo, au Rwanda ou au Burundi, des médias indépendants ont bénéficié du concours de l'organisation.

Dix-sept personnes travaillent aujourd'hui au secrétariat international de Reporters sans frontières à Paris. Une équipe qui peut s'appuyer sur plus de soixante correspondants. Le budget annuel de l'organisation avoisine les dix millions de francs (grâce notamment au soutien de l'Union européenne, de l'Unesco et de nombreux partenaires comme la Fnac, la Fondation EDF, Agfa, la Fondation de France, la Caisse des dépôts et consignations, etc.). Pour compléter ces informations, l'organisation envoie plusieurs dizaines de missions d'enquête par an dans les pays qui bafouent la liberté de la presse. Ces informations sont utilisées pour rédiger des lettres de protestation aux autorités des pays responsables de ces exactions. Elles permettent également la rédaction d'articles pour la lettre mensuelle de l'organisation et son rapport annuel.

Aujourd'hui, Reporters sans frontières est une association internationale : elle compte sept sections dans des pays européens et des adhérents sur tous les continents. L'organisation bénéficie d'un statut consultatif auprès du Conseil de l'Europe, de la Commission des droits de l'homme des Nations unies et de l'Unesco. Et du statut d'observateur auprès de la Commission africaine des droits de l'homme et des peuples.

Table

Composition Facompo, Lisieux
Achevé d'imprimer sur les presses
de Bussière Camedan Imprimeries
à Saint-Amand-Montrond
en septembre 1995

Imprimé en France

Dépôt légal : septembre 1995
N° d'impression : 1/2315
ISBN 2-87899-108-7